BASTEI
LÜBBE
STARS

Über den Autor:

Richard M. Cohen, Mitte 50, war viele Jahre lang leitender Fernsehproduzent. Er erhielt drei »Emmys« sowie zahlreiche weitere journalistische Auszeichnungen. Heute schreibt er als freier Journalist, zum Beispiel für die New York Times über Gesundheitsthemen. Cohen lebt mit seiner Frau Meredith Vieira, einer bekannten Fernsehmoderatorin, und seinen drei Kindern in der Nähe von New York.

Richard M. Cohen

Schritte voller Hoffnung

Mein Kampf gegen die Multiple Sklerose

Aus dem amerikanischen Englisch
von Inga-Brita Thiele

BASTEI
LÜBBE
STARS

BASTEI LÜBBE STARS
Band 77348

Vollständige Taschenbuchausgabe

Bastei Lübbe Stars und Bastei Lübbe Taschenbuch
in der Verlagsgruppe Lübbe

Titel der Originalausgabe: »Blindsided«
Originalverlag: HarperCollins Publishers, Inc., New York

Redaktion: Sylvia Gredig
Lektorat: Hella Neukötter
Titelbild: © Glenn Glasser/zefa/Corbis
Umschlaggestaltung: Kirstin Osenau
Satz: Textverarbeitung Garbe, Köln
Druck und Verarbeitung: CPI – Ebner & Spiegel, Ulm
Printed in Germany, Juni 2009
ISBN 978-3-404-77348-0

Für Meredith

Und für Ben, Gabe, Lily –
unsere lieben Reisegefährten

bewältigen (Tätigkeitswort): mit etwas Schwierigem fertig werden; etwas meistern: ein Problem ~; die Vergangenheit überwinden; ein traumatisches Erlebnis ~.

Klingt doch einfach.

INHALT

Vorwort 11

Kapitel 1: Ein Traum und eine Diagnose 17
Kapitel 2: Eine neue Sicht 35
Kapitel 3: Familienforschung 47
Kapitel 4: Die Sache mit der Ehrlichkeit 55
Kapitel 5: Im Wettlauf mit der MS 68
Kapitel 6: Auftritt Meredith 84
Kapitel 7: Bewegte Zeiten 98
Kapitel 8. Erdrutsch 111
Kapitel 9: Schluss mit den Geheimnissen 130
Kapitel 10: Im freien Fall 145
Kapitel 11: Die Kinder und ich 168
Kapitel 12: Meredith 187
Kapitel 13: Stehaufmännchen 203

Danksagungen 221

VORWORT

Manchmal scheint es, als ob ich meinen Lebensunterhalt mit Tagträumerei verdiene. Ich sitze in meinem Büro am Westrand von Manhattan und versuche, zu schreiben, blicke aber stattdessen über Baumwipfel und Straßen hinaus auf die Frachtkähne, die sich mühsam gegen den Strom den Hudson River hinaufkämpfen. Ich weiß, wie sich das anfühlt. Der weite Weg ist hart, und niemand hat es leicht. Das Leben ist eine lange, beschwerliche Reise.

Den größten Teil des Tages verbringe ich mit dem Gesicht gegen den Computerbildschirm gedrückt, den Rücken schmerzhaft gebeugt, steif vom stundenlangen Sitzen in dieser unnatürlichen Haltung, die ich einnehme, weil ich so gut wie blind bin und mit dem Bildschirm schon auf Tuchfühlung gehen muss, um meine Arbeit zu tun.

Der Flussverkehr, den ich nebenbei beobachte, bewegt sich nur vor meinem inneren Auge in solch erlesener Detailfülle. Auf die Entfernung nehme ich kaum eine Einzelheit wahr. Und das ist nur der Anfang. Gliedmaßen, die nicht richtig funktionieren, ertaubte Anhängsel, machen selbst die kleinen Aufgaben des Lebens zu schwierigen Herausforderungen. Ein außer Kontrolle geratener Darm trägt das Seine zum allgemeinen Chaos bei.

So seltsam es klingen mag: Ich liebe mein Leben. Selbst der fantasievollste Schriftsteller könnte sich so etwas nicht ausdenken. Ich habe schon vor langer Zeit die ausgetretenen

Pfade verlassen. Ich bin Journalist oder vielmehr ein mittlerweile kurierter Fernsehproduzent der Nachrichtenbranche, der einen befriedigenderen Broterwerb darin gefunden hat, zu schreiben, zu lehren und Gelegenheitsjobs zu verrichten – so eine Art gehobener Tagelöhner.

Ich bin Familienvater und Ehemann einer bezaubernden und komischen Frau, eines unberechenbaren Geschöpfs namens Meredith. Jeder, der die Talkshow *The View* gesehen hat, kennt sie. Meredith ist die Moderatorin ganz links im Bild. Meredith Vieira ist ein aufgehender Stern. Aber man muss bei der Frau ständig auf alles gefasst sein. Das Leben auf heimischem Territorium ist sehr spannend.

Ich bin Vater von drei prächtigen Kindern, die ihre ganz eigene Sicht auf die Dinge haben. Ben, Gabe und Lily sind Größen, mit denen man rechnen muss. Ich schätze, sie bescheren uns graue Haare und halten uns jung. Doch es gibt einen bedrohlichen Sachverhalt, den keiner von uns ignorieren kann. Meine Gesundheit ist schwer ramponiert, ein Zustand, der längst zu jedermanns Problem geworden ist. Krankheit ist bei uns eine Familienangelegenheit.

Seit 30 Jahren schlage ich mich mit Multipler Sklerose (MS) herum. Die Krankheit berührt alles, was ich tue, und zieht meinen Körper von Kopf bis Fuß in Mitleidenschaft. Chronische Krankheiten nehmen einen niedrigen Rang in der Hierarchie des Leidens ein, fordern aber ihren Tribut. Gegen Ende des Jahrtausends sah ich mich plötzlich mit einem anderen grimmigen Gegner konfrontiert. Zweimal in einem Jahr schlug der Darmkrebs zu, der meine Lebensqualität noch mehr beeinträchtigte.

Ich scheine Probleme magnetisch anzuziehen, bin zu jemandem geworden, der gewohnheitsmäßig am Abgrund lebt, ein äußerst ungemütlicher Aufenthaltsort. Diese Erfahrung hat mich außergewöhnliche Dinge über das Leben gelehrt. Früher hatte ich keine Vorstellung von der Bedeutung des Tätigkeitsworts »bewältigen«. Heute kenne ich sie nur zu gut.

Als ich an einem klaren Frühlingstag vor über drei Jahrzehnten direkt vom College nach Washington D.C. kam, beflügelte eine warme Brise mein allgemeines Wohlbefinden und meine Erwartungen an eine grenzenlose Zukunft. Keine drei Jahre später, gerade als meine Karriere als Fernsehjournalist im historischen Hurrikan von Watergate ihren Aufschwung nahm, geriet ich in meinen eigenen, sehr persönlichen Sturm. Die Krankheit klopfte an meine Tür, als ich 25 Jahre alt war, und ist nie wieder fortgegangen.

Aus dem ungehinderten Marsch auf einen glanzvollen Horizont zu ist ein unsicheres Torkeln über schwankendes Terrain geworden. Die Landschaft und die Konturen meines Lebens haben sich verschoben. Von den Nachrichtenredaktionen durch die Operationssäle bin ich zu einem nachdenklicheren Leben gelangt. An die Stelle der welterschütternden Ereignisse, die den Journalisten beschäftigten, ist der Kampf getreten, ein kleines Leben in Gang zu halten.

Meine 30-jährigen Anstrengungen, von diesem Leben etwas zu retten, es den Fängen der Krankheit zu entwinden, waren ein Ringen um Kontrolle und den richtigen Blickwinkel, um mich den neuen Gegebenheiten anzupassen. Meine Überlebenskünste wurden geschärft und in einem der heißesten Feuer des Lebens geschmiedet. Was ich dabei gelernt habe, ist dies: Ich bin stärker und unverwüstlicher, als ich es je gedacht hätte. Meine beeinträchtigte Sehkraft und mein beschädigter Körper sind Zeugnisse der Verheerung, die MS anrichten kann. Der Darmkrebs hat mein Gedärm in einem Zustand zurückgelassen, dass ich es nicht einmal mehr einem

Schrotthändler andrehen könnte. Aber in dem Maße, in dem mein Körper schwächer wird, wird mein Geist stärker und schwingt sich manchmal in ungeahnte Höhen auf.

Ich bin nicht nur eine Ansammlung von Muskeln und Nerven, deren Fehlschaltung meine Träume sabotiert hat. Wer ich bin – meine eigentliche Identität –, liegt in meinem Kopf begründet. Von dieser Festung, meinem Kommandoposten aus nimmt mein Sein Gestalt an. Denjenigen, die mit Krankheiten leben, jenen, die selbst unter Angriffen auf Körper und Geist zu leiden haben, ist Entmutigung nicht fremd. Wir leben im permanenten Belagerungszustand. Die Schlacht um die Kontrolle über unsere Köpfe ist genauso wichtig wie die Abwehr der Angriffe auf unseren Körper.

Der psychologische Krieg gegen die Krankheit wird an zwei Fronten geführt: auf dem Schlachtfeld des Geistes und in den Tiefen des Herzens. Emotionale Stärke will erlernt sein. Dieser Kampf hat mich zu einem besseren Menschen gemacht. Die Waffe der Wahl ist die Einstellung, an der unaufhörlich gearbeitet werden muss. Der positive Impuls muss in einem unruhigen Geist um sein Überleben kämpfen. Ich befehde mich selbst, damit meinen Augen der traurige Anblick des geschrumpften Menschen, den ich im Spiegel zu erblicken glaube, erspart bleibt.

Selbstmitleid ist Gift. Dafür ist keine Zeit. Ich brauche eine Zukunft und weigere mich, Opfer zu werden. Nur zu oft nehmen wir unser eigenes Gefängnis nicht mehr wahr, nehmen die Gitterstäbe und die hohen Mauern als gegeben hin. Manchmal errichten wir sie uns selbst, und der Stacheldraht wächst immer höher. Zu viele der uns auferlegten Beschränkungen sind Auswüchse unserer eigenen Ängstlichkeit.

Meine Seufzer des Überdrusses waren oft von Achselzucken und dem Murmeln begleitet: »Ich könnte ein Buch darüber schreiben.« Das habe ich nun getan. Dies ist eine Biografie wider Willen, ein befangener Versuch, mich einem wichtigen Thema zu nähern. Auf diesen Seiten geht es nicht um Leiden. Das wäre ermüdend. Dieses Buch handelt vom Überleben und Gedeihen, davon, sich über Angst und Selbstzweifel und natürlich die Wut zu erheben. Meredith und die Kinder tragen die Narben dieser epischen Schlachten.

Und dieses Buch handelt nicht von Krankheit, sondern von der Suche nach seelischer Gesundheit. Dies ist nicht *die* Antwort, sondern nur *eine* Antwort. Die Bewältigung ist eine persönliche Kunst. Es gibt keine Wissenschaft der Bewältigung, keine Formel und keinen objektiven Maßstab zur Beurteilung des Erfolgs. Bewältigung kann man nur daran messen, wie man selbst leben will und was einem persönlich dabei hilft. Ich habe keine Rezepte und erdreiste mich nicht, anderen Ratschläge zu geben. Ich bin nur jemand, der einen wackeligen Halt in seinem eigenen Leben gefunden hat, während er durch den Nebel späht, der einst vor langer Zeit in einem Traum aufstieg und sich nie mehr lichtete.

Ich bin dabei, die Kunst der Bewältigung zu erlernen, ganz sicher die härteste Lektion meiner lebenslangen Fortbildung. Und das Seminar hat nie ein Ende. Ich muss die Bewältigung jeden Tag neu erlernen. Anpassung an die Gegebenheiten wird an keiner berühmten Universität gelehrt und nicht auf Streichholzbriefchen beworben. Mit Widrigkeiten leben zu lernen, ist eine instinktive und autodidaktische Fertigkeit. Es ist der Stoff, aus dem das Leben ist.

Und damit willkommen in meiner Welt, in der ich Träume, ein paar Krankheiten und die Entschlossenheit, das Leben auf meine Weise zu leben, mit mir herumtrage. Dieses Buch ist mein tägliches Zwiegespräch mit mir selbst. Es ist mir eine Freude, Sie daran teilhaben zu lassen. Das Leben ist gut. Ich bin glücklich. Meine Familie ist intakt. Mein Sinn für Humor blüht und gedeiht. Diese Seiten sind eine Dokumentation der Auseinandersetzungen in jenen exotischen Gefilden gleich nördlich des Halses. Im Moment ist meine Einstellung positiv. Fragen Sie mich morgen noch mal. Ich glaube, ich bin dabei, zu gewinnen.

Richard M. Cohen
September 2003

KAPITEL 1

Ein Traum und eine Diagnose

Vielleicht hätte ich die Attacke aus dem Hinterhalt schon kommen sehen sollen, als ich noch auf dem College war. Es gab Warnungen in der Dunkelheit unruhiger Nächte. Da war eine Vorahnung, das unbehagliche Gefühl nach einem wiederkehrenden Traum, der mich stets aus dem Gleichgewicht warf. Diese spätnächtlichen Filme folgten mir, wo immer ich meinen Kopf zur Nacht bettete. Sie liefen weiter, lange nachdem ich das Diplom in Händen hielt und das College hinter mir gelassen hatte.

Diese Dramen spielten auf einem Basketball- oder Football-Feld, wo ich an einem wild umkämpften, äußerst harten Spiel teilnahm. Immer war da eine laut tickende Uhr. Das Spielgeschehen sorgte eine Weile für vergnügliche Ablenkung, doch nach und nach, mit knapper werdendem Punktestand und kürzer werdender Restzeit, stieg der Druck ins Unermessliche. Selbst im Schlaf begann ich zu schwitzen. Der Wettkampf nahm eine bedrohliche Intensität an.

Meine Beine verwandelten sich in Gummi. Sie wurden kraftlos und begannen nachzugeben. In den letzten Minuten – die Zuschauer waren aufgesprungen, und das Brüllen war ohrenbetäubend – fiel ich zu Boden, den Ball in der Hand, unfähig, aufzustehen, geschweige denn, sportliche Leistungen zu erbringen. Die Mannschaft verlor um einen einzigen Punkt. Dieser Traum war zermürbend und kehrte immer wieder, doch ich wusste nicht, welche Bedeutung ich ihm zuschreiben sollte.

Noch beunruhigender war das gleiche Thema auf einer weitaus bedrohlicheren Bühne, auf der es um mein Leben ging. Dieser Traum spielte auf dem Schlachtfeld, und ich träumte auch ihn viel zu oft. Ich rannte verzweifelt, heftig schwitzend und keuchend. Wiederum gaben meine Beine nach, knickten unter mir weg und ließen mich im Stich. Ich war zu kraftlos, um mich gegen einen Feind zu verteidigen, der zum tödlichen Schlag gegen mich ausholte. Ich hyperventilierte mich durch die Schlacht, unsicher, ob ich überleben würde, immer in diesem fieberhaften Panikzustand.

Ich grübelte viel über diese Träume nach. Amerika führte Krieg in Vietnam, und ich nahm an, dass die beiden Träume meine Angst vor diesem Krieg widerspiegelten. Doch solche Selbsterforschung war in den späten 1960ern und frühen 1970ern eigentlich nicht mein Ding. Mein Interesse galt der Politik, und bald sollte der Journalismus meine Berufung werden. Ich hatte das progressive Simpson College in der Nähe von Des Moines, Iowa, als Studienort gewählt. Simpson war weit weg von zu Hause. Ich brauchte die Distanz. Ich war ein rebellisches Kid der Mittelschicht aus West Hartford, ein Connecticut-Yankee, der in der Kultur seiner Zeit schwelgte und so viel politischen Konflikt suchte, wie ein Mensch nur vertragen konnte.

Mein Training als Unruhestifter hatte schon auf der High School begonnen. Zum Zeitpunkt meines Schulabschlusses hätte ich Unterricht darin geben können. Das waren die ersten Hinweise darauf, dass ich vom Temperament her für meine zukünftige Arbeit geeignet war. Im Sommer meines vorletzten High-School-Jahrs brachen meine Freunde und ich in das kurz zuvor geschlossene Staatsgefängnis von Connecticut ein, eine Art mittelalterliche Festung bei Wethersfield, und stahlen den altertümlichen elektrischen Stuhl. Für mich war das ein

Augenblick höherer Bedeutung. In den Augen meines Vaters war es ein Dumme-Jungen-Streich, der nicht toleriert werden durfte. Der Stuhl kehrte am nächsten Tag an seinen Platz zurück. Das habe ich ihm bis heute nicht verziehen.

Ich wurde aus Schulsportmannschaften hinausgeworfen und flog von der Schule. Des Unterrichts verwiesen zu werden, war für mich so normal wie das Mittagessen. Die Eltern anderer Teenager rieten ihren Kindern, sich von mir fern zu halten. Ich war ein Ausgestoßener, ein Taugenichts auf dem besten Weg zu einer aggressiven Anti-alles-und-jedes-Haltung. Eine Karriere als Journalist erschien nur folgerichtig. Ich sah mich ganz sicher nicht in der olivfarbenen Uniform, die rapide zum zeitgemäßen Outfit avancierte.

Zu Beginn meiner Collegezeit ließ ich mich von der Bewegung gegen den Vietnamkrieg mitreißen und schloss mich dem berühmten »Kinderkreuzzug« an, diesem gewaltigen Bataillon von Aktivisten, die 1968 für die Nominierung von Senator Eugene McCarthy als Präsidentschaftskandidat der Demokraten kämpften. Gemeinsam mit meinen Altersgenossen wurde ich *Clean for Gene*, ließ mir die Haare anständig schneiden und rasierte meinen Bart ab – alles nur, um den amtierenden Präsidenten Lyndon Johnson loszuwerden. Ich verbrachte den Sommer im Südwesten und beim turbulenten Nationalkonvent der Demokratischen Partei in Chicago. Viele von uns lernten damals in jungen Jahren wichtige Lektionen über Macht und Politik und den Lauf der Welt. Ich war 20, und was ich von dort mitnahm, war das Wissen um den Wert von Beharrlichkeit und Einfallsreichtum, Eigenschaften, die mich den Rest meines Lebens vor unsichtbaren Feinden bewahren sollten. Die prägenden Entwicklungsjahre schreiben einen Lehrplan fürs ganze Leben. Auf meinem stand eine Zähigkeit, die mir seither gute Dienste geleistet hat.

Ich stand auf der Liste für die erste Wehrdienstauslosung, die entscheiden sollte, wer zwangsweise in den Krieg nach Südostasien geschickt würde. Ich sah die gefürchtete Ziehung auf meinem uralten Schwarz-Weiß-Fernseher. Dieses im Fernsehen ausgestrahlte Roulettespiel war ein prägender Moment für jeden Mann meiner Generation. Für mich war die Lotterie schon vorbei, bevor sie richtig angefangen hatte. Ich zitterte, als ich hörte, wie sie den 14. Februar, meinen Geburtstag, verlasen und wiederholten, immer und immer wieder. Ihm wurde die Nummer vier zugeteilt. Diese niedrige Ziffer garantierte mir eine kostenlose Uniform und zumindest eine einfache Fahrkarte zum fernen Kriegsschauplatz.

Ich dachte darüber nach, ins Gefängnis oder gar nach Kanada zu gehen, um mich diesem Krieg zu entziehen, den ich aus ganzem Herzen ablehnte. Stattdessen nahm ich den einfachen Ausweg. Ich entzog mich der Einberufung und dem Militärdienst mithilfe meiner Mittelstandsprivilegien und der übertriebenen Diagnose einer gravierenden neurologischen Störung durch einen wohl gesinnten Arzt.

Der Betrug schmerzte mich. Vermutlich zog jemand anders eine höhere Lotterienummer und statt meiner ein Ticket in die Hölle Asiens. Ich tat, was ich glaubte, tun zu müssen. Ich kämpfte ums Überleben. Das taten wir alle, aber ich war nicht stolz darauf.

Ich blieb auf dem College und arbeitete weiter daran, Unruhe zu verbreiten. 1969 begegnete ich Peter Jennings, der damals für den Radiosender ABC über Antikriegs-Aktivitäten berichtete. Ich und einige meiner Freunde klebten mehrere Tage an ihm, wir aßen und tranken mit ihm und redeten über Politik. Peter hatte über den Vietnamkonflikt berichtet und war gewillt, offen über sein Leben zu sprechen, solange wir das Marihuana zu Hause ließen. Er war mit Leib und Seele

Journalist, und ich begann, meine Zukunft zu überdenken. Das ist es, was ich tun möchte, dachte ich.

Zwei Jahre später hatte ich das neue Leben, das ich mir gewünscht hatte. Ich arbeitete in der Washingtoner Redaktion der ABC News als Assistent des Produzenten von *Issues and Answers (Fragen und Antworten)*, dem sonntäglichen Fernsehmagazin des Senders. Ich war gerade noch rechtzeitig in die Branche eingestiegen. Sechs Monate später ereignete sich der Watergate-Einbruch, und die Namen Woodward und Bernstein waren plötzlich in aller Munde. Die Nachrichtenbranche wurde glorifiziert, und auf einmal wollten alle jungen Leute in Amerika Journalisten werden. Ich blieb eine Weile bei ABC, berichtete über Nixon und McGovern und die Politik von 1972. Das waren spannende Jahre. Selbst das Alltagsgeschäft der Nixon-Präsidentschaft war immer für eine Nachricht gut, und die Fernsehsender waren jedes Mal mitten drin im Geschehen. Doch junge Leute mit Ehrgeiz mussten in Bewegung bleiben, und die Verlockung einer neuen Stelle und eines höheren Titels brachten mich zum öffentlichen Fernsehen.

Ich fing bei der PBS-Dokumentarserie *America '73* an und wurde zur Arbeit an einem Film über Behindertenpolitik eingeteilt, der sich mit dem Leben behinderter Menschen und ihrem Ringen um staatliche Unterstützung befassen sollte. Robert »Robin« MacNeil und Jim Lehrer würden die Serie moderieren. Mein Film war der Beginn einer langen Zusammenarbeit mit diesen beiden landesweit bekannten Nachrichtenmoderatoren.

An einem warmen Maimorgen wanderte ich in der Bundeshauptstadt den Hill hinunter, am Obersten Gerichtshof vorbei und geradewegs durchs Capitol, was in jener geruhsamen Zeit ohne scharfe Sicherheitsvorkehrungen eine praktische Abkürzung darstellte. Ich schlenderte ins Produktionszentrum des öffentlichen Fernsehens, wo morgens um neun schon rege Betriebsamkeit herrschte. Ich plauderte mit Kollegen und las ein paar Skripts. Dann ließ ich die Kaffeekanne fallen.

Produzenten und Redakteure wechselten sich mit dem Kaffeemachen ab. Eigentlich war einfach der Erste, den es nach einer Tasse gelüstete, fürs Kaffeekochen zuständig. Ich war an dem Tag nicht der Erste, aber die Kanne war leer. Kaum war sie wieder gefüllt, rutschte sie mir aus der Hand und der heiße Inhalt ergoss sich über mein Hosenbein, bevor das Glas auf dem Boden zersplitterte. Der ganze Vorfall schien sich in Zeitlupe zu ereignen. Das Missgeschick fühlte sich seltsam an. Die Unbeholfenheit des Augenblicks schien deplatziert. Es war, als sei die Kanne meinem Griff einfach so, ohne erkennbaren Grund entglitten und zu Boden gegangen.

Der Zwischenfall war irritierend, aber ich dachte nicht weiter darüber nach, während ich meine Arbeit fortsetzte, Filmmaterial sichtete und mithalf, die Dokumentation zu strukturieren. Ich war 25 Jahre alt und gesund, auf der Überholspur zum Fernsehjournalisten. Das Projekt ging gut voran, und wir befanden uns in der Postproduktionsphase, fügten nur noch alles zusammen. Ich hatte Altersgenossen mit schweren Behinderungen interviewt, einige von ihnen saßen im Rollstuhl. Eine Sequenz des Films zeigte mich, wie ich einen jungen Mann im Rollstuhl durchs kalifornische Berkeley begleitete. Wir sprachen über die mangelnde Zugänglichkeit öffentlicher Verkehrsmittel und die vielen anderen Schwierigkeiten im Alltagsleben behinderter Menschen. Warum er und nicht ich?, hatte ich mich gefragt. Ich dachte, ich würde nie imstande sein, auch nur mit einer Krücke zurechtzukommen, geschweige denn mit einem Rollstuhl mit riesigen Rädern, die ich mit den Händen drehen müsste, um mich fortzubewegen.

An jenem Tag in Washington saßen wir am Steenbeck, einem altmodischen Schneidetisch, der in der modernen Ära der Videobänder und der aufkommenden Digitaltechnik kaum noch eingesetzt wird. Ein anderer Teil der Dokumentarsendung enthielt ein provokatives Gespräch zwischen Robin MacNeil und einer jungen Frau, die bei einem Surfunfall eine schwere Wirbelsäulenverletzung erlitten hatte. Auch sie saß im Rollstuhl, und an einem Punkt des Gesprächs fiel ihr eine Tasse zu Boden. Ich spulte den Film mehrere Male zurück, um zu beobachten, wie die Tasse ihre Hand verließ. Das morgendliche Malheur mit der Kaffeekanne hatte mich nicht unbeeindruckt gelassen.

Am Ende des Tages wanderte ich in brütender Hitze den Capitol Hill hinauf zu meiner stickigen Wohnung im zweiten Stockwerk eines Gebäudes ohne Fahrstuhl. Der Sommer stand kurz bevor, was in Washington grausame Hitze bedeutete. Jetzt schon konnte ich die heiße Luft über der Independence Avenue flimmern sehen. Als ich auf dem Bordstein gegenüber der Kongressbibliothek stand, verlor ich plötzlich das Gleichgewicht, dann den Halt und sah mich gezwungen, auf die verkehrsreiche Fahrbahn zu treten. Es war zwar nur ein kleiner Zwischenfall, aber ich war sportlich und an sich in recht guter körperlicher Verfassung. Auch dieser Ausrutscher schien irgendwie unpassend. Es fühlte sich einfach verkehrt an.

Ich ging langsam in der Hitze die East Capitol Street hinauf und erklomm die vielen Stufen zu der Wohnung, die ich mit meiner Frau Joyce bewohnte, einer Freundin aus Kindertagen, mit der ich seit über einem Jahr verheiratet war. Joyce und ich schienen uns damals schon in verschiedene Richtungen zu bewegen. An dem Abend probte sie mit einer örtlichen Theatergruppe. Ich war allein, keine ungewöhnliche Konstellation bei uns. Meine Sachen flogen in eine Ecke, sobald ich die Wohnung betrat. Ich ging in die Küche.

Es war drückend heiß in dem großen Raum mit seinen altertümlichen Küchengeräten und der abblätternden Tapete. Ich ging ins Wohnzimmer, zog die Hose aus und ließ mich auf die große, alte Couch sacken, um ein Bier zu trinken. Es war äußerst unbehaglich in der feuchten Hitze der Wohnung. Ein heißer Windzug blies durchs offene Fenster, und ich saß so still wie möglich, ohne an etwas Bestimmtes zu denken, während ich darauf wartete, dass mir endlich wieder kühler würde. Mein linkes Bein juckte, und ich kratzte es gedankenlos, bis ich plötzlich aufschrak. Die Außenseite meines Beins war taub. Auf der gesamten Länge meines Beins schien die Haut praktisch gefühllos zu sein.

Noch eine Wahrnehmung oder ein Ereignis, das sich einfach nicht richtig anfühlte, wie ein Schlag ins Gesicht. Der Tag fügte sich zusammen wie ein Puzzle, auch wenn sich noch kein erkennbares Bild oder Muster ergab. Ich spürte keine besondere Besorgnis, obwohl mir irgendwo im Inneren allmählich dämmerte, dass die unerklärlichen Vorfälle des Tages irgendwie zusammengehören mussten. Ich grübelte darüber nach, kam aber lediglich zu der Schlussfolgerung, dass ein weiteres Bier angebracht wäre. Das war meine bevorzugte Lösung für Probleme jedweder Art.

Damals war ich noch jung, und meine Karriere schien mir wichtiger als alles andere. Der Rest wurde beiseite geschoben. Das Telefon klingelte. Es waren die ABC News mit der Frage, ob ich im nächsten Monat als Koproduzent an der Berichterstattung über die bevorstehende Anhörung von Senator Sam Ervin zur Watergate-Affäre mitarbeiten wollte. Mein PBS-Auftrag stand kurz vor seinem Abschluss. »Ja«, antwortete ich begeistert. »Aber sicher.«

Das waren die Zeiten, in denen man morgens als Erstes zum Kiosk lief, um die *Washington Post* zu kaufen. Man musste schauen, was es Neues von Woodward und Bernstein gab, und den Doonesbury-Comic verschlingen. Hier wurde Geschichte gemacht, und jetzt würde ich ein Stückchen davon abbekommen. Meine Welt war die Hauptstadt der Nation. Und Watergate war die beste Show in der Stadt.

Das Telefon klingelte erneut. Es war mein Vater. Wir plauderten ein wenig, tauschten uns über unsere Verachtung für Nixon aus, und ich erwähnte beiläufig die seltsamen Erlebnisse des Tages. Mein alter Herr hörte aufmerksam zu, stellte mir ein paar Fragen und empfahl mir, zum Arzt zu gehen, was sowieso überfällig war. »Es kann nicht schaden«, meinte er. »Du könntest mal eine gründliche Untersuchung vertragen.« Wir legten auf, und ich saß noch eine Weile da und dachte über meinen neuen Auftrag nach. Minuten später klingelte das Telefon wieder. Dem alten Herrn war noch etwas eingefallen. »Ich glaube, du hast Multiple Sklerose«, sagte mein Vater schroff.

◆◆◆

Mein Vater Benjamin, heute 85 Jahre alt, ist Arzt – und er hat MS. Mein Vater ist ein Arzt der alten Schule, pragmatisch und unerschütterlich. Der alte Herr war normalerweise sehr vorsichtig in seinen Schlussfolgerungen. Diesmal nicht. Meine erste Bewältigungsmaßnahme lautete: Ruhig bleiben und nachdenken. Ich lehnte mich zurück und dachte an einen Tag vor sechs Jahren zurück, während meines ersten College-Semesters.

Ich saß mit meinem älteren Bruder Bern in einem Schlafzimmer unseres Elternhauses, wo er meinem Vater zu erklären versuchte, warum er beim Skilaufen mit einem Baum kollidiert war. Ehrlich gesagt, fand ich es recht lustig, weil mein aufgeblasener Bruder an dem Tag auf der Piste gewesen war, um seinem dummen kleinen Bruder das Skilaufen beizubringen. Ich gluckste leise, doch dann trat Stille ein. »Es gibt etwas, das ich euch beiden sagen möchte«, sagte mein Vater leise.

»Ich habe eine Krankheit, die man Multiple Sklerose nennt. Habt ihr schon mal was davon gehört?«, fragte er. Wir nickten stumm. Ich konnte das Wort *Sklerose* nicht mal buchstabieren. »Es kann schlimm werden«, fuhr er fort, »aber ich werde vermutlich nicht daran sterben.« Der alte Mann gab uns noch ein paar Erklärungen und erkundigte sich, ob wir noch Fragen hätten. Die Worte meines Vaters luden geradezu dazu ein, nachzufragen, doch seine Haltung sprach eine andere Sprache. Die schroffe Bekanntgabe war zu Ende, und es blieb nur das Geräusch unseres Atmens. Dieses kurze Gespräch war für mich nicht viel erhellender gewesen als die Ferndiagnose, die ich jetzt übers Telefon zu hören bekam.

◆◆◆

Die bloße Andeutung, dass die MS mein Leben heimsuchen könnte, betäubte mich. Die Schnelldiagnose meines Vaters erschien untypisch, ja geradezu hysterisch, obwohl meine 25-jährige Bekanntschaft mit diesem Mann es ratsam erscheinen ließ, ihr Aufmerksamkeit zu schenken. Er behielt meistens Recht. Dies war ein Moment der Verwirrung in einem Leben, das bis dahin genau auf Kurs war. Ich hatte für Ungewissheiten generell nicht viel übrig. Ich wusste nicht genug über Multiple Sklerose, um mir klar zu machen, dass mir vielleicht ein ganzes Leben voller Ungewissheiten bevorstand. Meine Zweifel waren trotzig und stark.

Dennoch reichte dieser Tag voller Zwischenfälle und Merkwürdigkeiten, um mich zu meinem Internisten zu treiben, der mich sofort zu einem Neurologen weiterschickte. Dieser machte rasch deutlich, dass er eine Multiple Sklerose vermutete. Was sollte er auch sonst vermuten? Mein Vater litt an MS – ebenso seine Mutter, obwohl die Diagnose bei ihr nie offiziell ausgesprochen wurde. Der diagnostische Prozess war damals primitiv, ineffizient und unzuverlässig.

Über den Zustand meiner Großmutter wurde während meiner Kindheit und Jugend wenig gesprochen, obwohl offensichtlich war, dass mit ihr körperlich etwas nicht stimmte. Sie war seit meiner frühesten Kindheit an den Rollstuhl gefesselt. Es schien in unserer Familie eine unausgesprochene Regel zu geben, dass persönliche Informationen nur im Bedarfsfall ausgetauscht wurden. Sicher wusste mein Vater, dass sie MS hatte, aber ich wusste es nicht. Mein Radarschirm war leer, nicht einmal eingestöpselt und eingeschaltet. Es kam mir nie in den Sinn, dass auch ich Anwärter auf ein neurologisches Debakel war.

Selbst jetzt war ich nicht überzeugt, dass ich krank war. Um meine geringfügigen Symptome wurde viel zu viel Aufheben gemacht, fand ich. Ärzte galten sonst als vorsichtig, aber hier schienen sie ein hastiges Urteil zu fällen, bevor irgendwelche Beweise vorlagen. Die ganze Besorgnis war übertrieben. »Nein«, erklärte ich meinen Familienangehörigen, Freunden und Ärzten gelassen. »Das ist alles ein Missverständnis. Ich habe diese PBS-Dokumentation über Menschen mit Behinderungen gedreht, und einige von ihnen waren in meinem Alter. Sie waren mir sympathisch. Ich habe mich mit ihnen identifiziert. Das ist alles rein psychosomatisch. Mit mir ist alles in Ordnung.« Keiner kaufte mir diese Erklärung ab, am allerwenigsten mein Neurologe. »Wir werden sehen«, war so ungefähr alles, was er dazu sagte. Er verwendete ein Wort, das mir im Zusammenhang mit Krankheit neu war: *Verleugnung*.

Meine Verärgerung hatte nichts mit Angst zu tun – dachte ich. Obwohl mein Vater seit Jahren an MS litt, schien er nicht wirklich zu leiden. Ich hatte keine Ahnung, was ein Leben mit MS bedeuten konnte. Mir schien mein Vater durch die Krankheit unbeeinträchtigt, und er hatte offenbar ein gutes Leben geführt. »Na und? Soll ich mir darüber etwa Sorgen machen?« Alfred E. Neumanns tiefgründige Frage wurde zu meinem neuen Mantra. Ich mochte Al. Ich fand, dass er dem Fernsehmoderator Ted Koppel ähnlich sah.

Alle Wege schienen nach Rom zu führen. Aber ich wollte unbedingt woanders hin. Die Menschen in meinem Leben schienen zu benommen, um Bedenken zu äußern. Größere Gefühlsausbrüche blieben aus. Joyce ließ keine Reaktion erkennen. Vielleicht war sie auch verwirrt und behielt ihre Betroffenheit für sich. Mein Bruder Bern, ganz meines Vaters Sohn, gab sich gelassen. Auch er war Journalist und arbeitete damals für Associated Press. Meine Schwester Terrie, die im Westen der USA lebte, erfuhr nichts von diesem MS-Verdachtsfall.

Mein alter Herr, stets der vorsichtige und abwartende Arzt, war schwer zu durchschauen, auch wenn es so aussah, als ob er sich mit der Diagnose abgefunden hätte. Nur bei meiner Mutter Terry spürte ich, wie sich ein Sturm zusammenbraute. Doch nach außen hin schloss sie sich dem gelassenen Gebaren meines Vaters an, zumindest in meiner Gegenwart.

Meine Mutter war meist ruhig und gelassen. Sie war die sprichwörtliche Erdmutter – alle Typen in meinem Alter dachten das von ihren Müttern –, aber auch meine langjährigen Freunde sahen meine Mutter so. Jetzt bereitete sich die Erdmutter auf ein Erdbeben vor.

Die paar Freunde, denen ich von meiner Lage erzählte, äußerten sich dazu nicht. Niemand schien irgendetwas über MS zu wissen. Multiple Sklerose klang nach etwas Gravierendem. Doch das galt auch für die Pein der Psoriasis. Es war schwer, in dem Durcheinander den Überblick zu behalten.

Der diagnostische Prozess war langsam und fast so primitiv wie zu Zeiten meiner Großmutter. Anfang der 1970er gab es keine Nuklearmedizin, keine bildgebenden Verfahren zur Untersuchung des Gehirns. MRT und CT waren ebenso Sciencefiction wie der Weltraumtourismus von *2001: Odyssee im Weltraum*. Neurologen waren auf anekdotische Anhaltspunkte und ihre letzte Waffe, die Spinalpunktion, angewiesen. Widerwillig unterwarf ich mich ihren Befragungen und Untersuchungen, aber ich verweigerte die Punktion, bis mir bei der Arbeit etwas äußerst Seltsames passierte.

Mein Chef bei ABC News hatte mich gebeten, vom Capitol Hill, wo ich jeden Tag an den Anhörungen des Watergate-Ausschusses teilnahm und zusah, wie John Dean Präsident Nixon belastete und H.R. Haldemann und John Ehrlichman sich selbst belasteten, ins Büro zurückzugehen. Ich sollte die Videobänder fürs Archiv zusammenstellen und katalogisieren. Es hätte ein einfacher Job sein sollen. Ich musste nur sicherstellen, dass die schriftlichen Protokolle den Bändern beilagen und die Bänder selbst korrekt etikettiert und in der richtigen Reihenfolge waren. Einfach nur eine langweilige Arbeit.

Ich saß allein auf dem Boden im Videoraum und geriet immer mehr durcheinander. Der Job, für den ich nicht mal eine Stunde hätte brauchen sollen, zog sich viele Stunden hin. Ich war völlig verwirrt. Protokolle und Bänder passten nicht zueinander, und ich steckte die falschen Unterlagen in die großen Videohüllen aus Plastik. Ich begann vor Wut zu zittern, weil mir Zorn immer noch lieber war als Angst. Erstmals gestand ich mir ein, dass mit mir vielleicht wirklich etwas nicht in Ordnung war.

Ich stimmte der Spinalpunktion zu und ging ins Krankenhaus. Wie ein Fötus zusammengekrümmt ließ ich mir von einem übereifrigen Assistenzarzt eine lange Nadel in die Wirbelsäule stechen. Es tat nicht richtig weh, auch wenn das langsame Eindringen der Nadel ein Kribbeln wie von elektrischem Strom verursachte. Ich müsse über Nacht flach liegen, sagte der Arzt, sonst könnte ich schreckliche Kopfschmerzen bekommen, ein Zustand, den ich sowieso allabendlich durch wechselnde alkoholische Getränke herbeiführte, während ich darauf wartete, dass mir mein Los verkündet würde.

Ich wusste, dass diese abschließende Untersuchung die Spekulationen zu beenden und das Thema abzuhaken versprach. War die Spinalflüssigkeit ungetrübt, so war es auch meine Zukunft. Wenn die Flüssigkeit wolkig war, würde der Sturm nicht auf sich warten lassen. Wie symbolträchtig, dachte ich. Der Neurologe wollte mich in zwei Tagen anrufen. Ich war bereits von der Verleugnung zur Anerkennung einer schlimmen Situation und dann wieder zurück zu dem Glauben geschlingert, dass sich bald alles als gewaltiger Irrtum herausstellen würde.

Ich setzte darauf, dass die Spinalflüssigkeit so klar wie ein Gebirgsbach sein würde, so klar wie der spiegelnde See, aus dessen Wasser das schlechte Bier gebraut wurde, an das ich mich auf dem College gewöhnt hatte. Doch meine Gefühle wurden allmählich genauso schal wie dieses Getränk und so taub, wie mein Bein es gewesen war. Ich konnte mich nicht überwinden, über die Möglichkeit einer MS-Diagnose nachzudenken. Der Grenzbereich zwischen Emotionslosigkeit und Verleugnung ist schmal. Ich verstand noch nicht ganz, was genau ich leugnete, aber es war klar, dass ich mit dieser Krankheit nichts zu tun haben wollte. Ich hatte mein Leben doch gerade erst aufs richtige Gleis gebracht.

Dann kam der vereinbarte Termin für den Anruf des Neurologen. Ich war allein in meiner Wohnung, saß in einem Sessel neben der Tür, die plötzlich die Anziehungskraft eines Notausgangs auf mich ausübte. Ich saß da. Und wartete. Ich zog den kleinen Tisch mit dem Telefon näher heran. Das Telefon war grün. Eigentlich hätte es Hotline-rot sein müssen, mit Blinklicht und Sirene. Ich starrte das Telefon an und zuckte zusammen, als es klingelte. »Sie haben Multiple Sklerose«, verkündete der Neurologe kühl. Er fügte ein pflichtschuldiges »Es tut mir Leid« hinzu. Mehr gab es nicht zu sagen, weder ein Wort des Trostes noch ein Behandlungsangebot. In jenen Tagen bekam man die Diagnose und dann tschüss. Es gab nicht mal einen Plan A. In dem Augenblick begann meine Reise in ein fremdartiges neues Land. Es würde sich als exotisch und rau erweisen. Es gab keine Aussicht auf Rückkehr. Krankheit ist unerforschtes Grenzland, schrieb Virginia Woolf in einem Essay von 1925. Die Krankheit würde ihren Platz neben Liebe und Krieg und Neid als den prägenden Kräften eines neu definierten Lebens einnehmen. Später würde sich die Bewältigung hinzugesellen, ein Wort, mit dem ich damals noch nicht viel anfangen konnte.

Es gab keine Behandlung gegen MS. So viel wusste ich von meinem Vater. Seine Symptome waren langsam und schleichend aufgetreten, weshalb wir, seine Kinder, von dem Problem nicht einmal etwas bemerkt hatten, bis wir aus dem Haus und in sicherer Entfernung auf dem College waren. Und jetzt stürzten sich diese Worte auf mich, die offizielle Diagnose, der endgültige Richterspruch. *Ba-da-bum*. Unglaublich.

Das Ganze war ein Riesenirrtum, und niemand kapierte es, außer mir.

Immerhin war da eine leise emotionale Reaktion an jenem Nachmittag: Kaum hatte ich den Hörer wieder auf seine Gabel gelegt, wünschte ich mich inbrünstig heim in meine Wiege. Dies wäre der richtige Moment, wieder ein Kleinkind zu sein, aufgehoben und in den Armen gewiegt zu werden. Ich wusste, dass ich die Wahrheit gehört hatte, konnte mich aber nicht überwinden, sie zu glauben. Ich ging ins Schlafzimmer, setzte mich auf die Bettkante und starrte durchs Fenster auf das Capitol, wo ich meine Zukunft als Berichterstatter über Regierung und Politik gesehen hatte. Jetzt war mein Kopf voller Bilder von Krankenhäusern und Rollstühlen, und ich konnte nichts anderes denken als: Ich bin zu jung dafür.

In genau diesem Augenblick traf ich die Entscheidung, einfach nicht zu reagieren. Ich starrte auf die Kuppel des Capitols. Da ich so wenig über MS wusste, gab es keine Reaktion, die irgendwie sinnvoll gewesen wäre. Es gab nichts Vernünftiges zu sagen oder zu tun. Es schien mir sinnlos, mich in Verzweiflung hineinzusteigern, also blieb ich ruhig. Dies war der Weg des geringsten Widerstands, und ich beabsichtigte, ihn zu gehen. Die Betäubung, die mein Bein befallen hatte, machte sich jetzt auch in meinen Kopf breit. Ich rief meinen Vater an und verkündete ihm die Neuigkeit. »Willkommen im Club«, sagte er. Dann fügte er stockend hinzu: »Ich werde alle zusätzlichen Kosten übernehmen, die dir entstehen.« Es war wohl ein Versuch, Wiedergutmachung zu leisten. »Dad, dein ganzer Reichtum kann *mir* keine Gesundheit erkaufen«, antwortete ich.

Dreißig Jahre danach weiß ich diese gefasste Ruhe nicht zu erklären. Die gleichmütige Entschlossenheit war eine instinktive, im Handumdrehen erlernte Reaktion. Meine Emotionen schienen sich auf einer Skala von A bis B abzuspielen. Die Zwangsjacke war geschnürt. Sie kam direkt von der Stange, von mir selbst ausgewählt. Diese Jacke passt immer noch wie angegossen; ich trage sie bis heute. Die damit einhergehende Haltung hat mir durch Krisen an vielen Fronten hindurchgeholfen. Die ursprüngliche Entscheidung, nicht aus dem Bauch zu reagieren, nicht um mich zu schlagen und auszuflippen, spiegelte vielleicht nur meine Unfähigkeit und Weigerung wider, eine unverdauliche Wahrheit zu schlucken.

Eine so schwere Krankheit war ein ziemlich großer Brocken Realität für einen mageren jungen Mann. Ich scheine intuitiv und eher zufällig über einen Bewältigungsmechanismus von einigem Wert gestolpert zu sein. *Verleugnung*. Ein von Amateurpsychologen missbrauchter Begriff. Verkannt von denen, die sie nur für schlecht halten. Missverstanden von denen, die die Sache nicht ausreichend durchdacht haben.

Sicher, Verleugnung kann das Hirn einlullen, den Geist so betäuben, dass er sich weigert, sich der Wahrheit zu stellen und den heranrasenden Güterzug mit seiner gewaltigen Ladung harter Realität zu sehen. Aber die Verleugnung hat zwei Seiten, und ihre attraktivere Seite war mir eine große Hilfe.

Für mich wurde die Verleugnung zum Angelpunkt meiner Entschlossenheit, die Krankheit zu bewältigen und die Hoffnung nicht aufzugeben. Die Verleugnung ermöglicht es jedem Menschen mit einem Problem, sich seine persönliche Realität zu erfinden und sein Leben in dem Glauben weiterzuleben, dass er es im Griff hat und tun kann, was getan werden muss, um es in Gang zu halten. Die Verleugnung ermutigt uns, vermeintliche Grenzen auszutesten und auf diese Weise Zugeständnisse hinauszuschieben.

Daran ist nichts auszusetzen. Die MS bleibt einem ein Leben lang erhalten, und ich habe gelernt, dass Selbsterkenntnis und Bewältigung zu gegebener Zeit einsetzen. Ich machte mich daran, dem hohen Gericht, nämlich mir, zu beweisen, dass ich genauso war wie alle anderen. Natürlich war ich nicht mehr wie alle anderen und würde es auch nie wieder sein, aber ich konnte mich nicht dazu durchringen, dieser schlichten Tatsache ins Gesicht zu sehen. Noch nicht.

KAPITEL 2

Eine neue Sicht

An einem kühlen Oktobermorgen 1973 schlug ich bei Sonnenaufgang flatternd die Augenlider auf, und das Entsetzen traf mich wie ein Blitzschlag, trieb mich aus dem Bett ans Fenster, wo ich wie gelähmt stehen blieb. Ich war auf dem rechten Auge blind. Blind. Ohne jedes Sehvermögen. Die übliche Morgenroutine mit Kaffee und Zeitungen in der sonnigen Küche wurde durch meine eigene düstere Schlagzeile ersetzt. Ich stand da und flüsterte verzweifelt in den leeren Raum: »Nein. Das kann einfach nicht sein.«

Das Videoband in meinem Kopf spulte sich immer wieder aufs Neue ab. Der Vortag hatte ganz normal angefangen. Ich hatte mich gut gefühlt, lebte seit Verhängung der Diagnose vier Monate zuvor ohne irgendeines der anfänglich aufgetretenen MS-Symptome. Doch irgendwann im Laufe des Vormittags hatte sich plötzlich ein kleiner Fleck, wie eine winzige Öllache, auf meinem rechten Auge gebildet. Eine kleine runde Pfütze, die sich nicht wegwischen ließ, ein Fleck auf meinem Fenster zur Welt. Den Nachmittag hatte ich damit verbracht, beide Augen zu öffnen und zu schließen, in der Hoffnung, das Ärgernis auflösen und wegschwemmen zu können.

Jetzt war ich blind. Ein einseitiger Verlust des Augenlichts ist ein klassisches Symptom der Multiplen Sklerose. Das wusste selbst ich. Wie ich da schwankend neben dem Bett im kalten Schlafzimmer stand, die Zehen in den Boden gekrallt, schlug die schreckliche Wahrheit über mir zusammen. Monatelang hatte ich im Kartenhaus der Verleugnung gelebt. Jetzt, von einem Augenblick auf den anderen, war es eingestürzt. Es war eine wackelige Konstruktion gewesen, auf Wunschdenken gebaut, aber es hatte mir Zuflucht vor der schweren Last der Realität gewährt, der ich mich nicht aussetzen wollte. Die Unwissenheit war meine Verbündete gewesen; ich hatte den Ärzten nicht allzu viele Fragen gestellt. Schweigen war eine ungewöhnliche Taktik für einen Journalisten, der von Berufs wegen ständig Fragen stellt. Aber ich wollte nicht zu viele Fakten wissen. Fakten führten zur Wahrheit, und die Wahrheit war unannehmbar. Jetzt musste ich den Tatsachen ins Gesicht sehen. Ich musste mir eingestehen, dass ich MS hatte.

Es sollten allerdings noch Jahre vergehen, bevor ich mich ohne Zögern offen zu meiner Krankheit bekannte. Auch das Wissen kam nur langsam. Ich musste viel über die Multiple Sklerose lernen, eine Krankheit, über die man damals wenig wusste und selbst heute nicht allzu viel weiß. MS ist eine Krankheit ohne gesicherte Behandlungsmethoden und Prognosen, ohne Heilung und ohne eindeutige Ursache. Manche Fachleute vermuten einen Virus, andere Umweltfaktoren. Manche glauben, dass das menschliche Immunsystem, das den Körper vor eindringenden Keimen und Mikroben schützt, sich gegen den eigenen Körper wendet. Die Idee eines genetischen Faktors lag damals noch in ferner Zukunft. So war ich zu guter Letzt doch noch eingezogen worden – in das Heer der 350 000 Amerikaner, die sich im Schattenboxen gegen diesen unsichtbaren neurologischen Feind üben.

Klar ist, dass die Multiple Sklerose eine fortschreitende Krankheit ist, eine schreckliche Massenkarambolage auf den Bahnen des zentralen Nervensystems. Die Krankheit befällt motorische und sensorische Nerven, an denen sich zahlreiche Plaqueansammlungen bilden, nachdem sich die schützende

Myelinscheide abgelöst hat. Der Krankheitsprozess ähnelt einem Anschlag auf eine altmodische Telefonvermittlung, bei dem durch Abziehen der Kabelisolierungen Telefonleitungen miteinander kurzgeschlossen werden. Signale überkreuzen sich. Das Leben gerät aus der Bahn. Träume entgleisen.

»Seien Sie wachsam«, hatten mir die Ärzte seit Verkündung der Diagnose immer wieder geraten. Aber da mir niemand sagen konnte, in welcher Weise sich mein Leben verändern würde – die Auswirkungen der MS sind zu vielfältig, um vorhersagbar zu sein –, hatte ich mich geweigert, ihre Warnungen ernst zu nehmen. Jetzt war mein Leben aus den Fugen geraten. Gründlich.

Ich begab mich widerstrebend ins Krankenhaus; meine Unerschütterlichkeit lag in Scherben. Die primitiven Prozeduren nahmen ihren Lauf. Medikamente wurden verabreicht – ohne irgendeine Gewissheit, dass sie helfen würden. Ich ließ regelmäßige Steroidinfusionen über mich ergehen, die viermal am Tag in meine Arme gepumpt wurden. Die Steroide richteten Chaos im Körper an, lösten heftige Stimmungsschwankungen und zu guter Letzt Depressionen aus. »Wenn die MS Sie nicht umbringt, erledigt das die Behandlung«, scherzte eine Krankenschwester.

Ich nahm über 20 Kilo zu, weil mein Appetit und mein Stoffwechsel aus dem Gleichgewicht gebracht wurden. Ein Teil der Sehkraft kehrte zurück, eine leichte Besserung, aber nicht genug, um dem Normalzustand auch nur nahe zu kommen. In meiner Verzweiflung gestattete ich den Assistenzärzten, an mir herumzuexperimentieren: Sie injizierten die hochwirksamen Steroide durch mein unteres Augenlid direkt unters Auge, ein barbarischer Versuch, den geschädigten Sehnerv zu erreichen. Ich muss verrückt gewesen sein. Ich stellte mir vor, wie die Jungärzte vor Begeisterung auf und ab hüpften und dabei juchzten: »Hey, lasst uns das mal ausprobieren!« Ich entwickelte eine Abneigung gegen Ärzte. Sie behandelten mich wie ein unbelebtes Objekt. Über die Jahre habe ich diese Antipathie zu einer Kunstform weiterentwickelt.

Der nächste Schritt auf der Straße zur Realität kam mit einem Anruf von Ted Koppel, meinem rangälteren Kollegen bei ABC News. Ted hatte Präsident Nixon 1972 auf seinem historischen Staatsbesuch nach China begleitet und war jetzt wieder beruflich im Reich der Mitte. Da ein Korrespondent vor Ort in einer abgeschotteten Gesellschaft so ziemlich als Letzter etwas über wichtige Ereignisse innerhalb ihrer Grenzen erfuhr, hatten wir vereinbart, dass ich mich regelmäßig bei einer Quelle im amerikanischen Außenministerium über politische und militärische Aktivitäten in China informieren würde. Ted würde mich aus China anrufen, und ich würde alle Informationen, die ich ergattert hatte, als beiläufiges Geplauder maskiert, an ihn weiterreichen.

Teds nächster Anruf aus Peking wurde von der ABC-Telefonzentrale an die Nummer umgeleitet, die ich den Telefonistinnen gegeben hatte. Unser Routinegespräch über China wurde zu einer peinlichen, lautstarken Fragestunde darüber, warum ich mich im Georgetown Hospital befand. »Was zum Teufel tust du da? Was ist los?«, fragte Ted.

Schweigen. Ich wusste nicht, was ich sagen sollte. Sollte ich ihm einfach die Wahrheit sagen? Niemand bei ABC wusste irgendetwas über meine Krankheit oder meinen Verbleib. Ich erinnere mich, wie ich schwache, kratzige Stimmen in der Ferne Chinesisch plappern hörte, während ich angestrengt darüber nachdachte, was ich Ted antworten sollte. »Ich habe MS«, sagte ich schließlich leise.

»Du hast was?«, brüllte Ted. »Hallo? Cohen, ich kann dich immer noch nicht hören!«, schrie er so laut durchs Telefon, dass ich aufs Bett zurückprallte. Telefongespräche aus China liefen vor 30 Jahren durch viele Vermittlungsstellen. »Ich habe gesagt, ich habe Multiple Sklerose!«, schrie ich zurück. »Bist du taub?«

Die Stille wurde kurzzeitig lauter. »Ich habe dich gehört«, sagte er. »Du brauchst nicht zu brüllen.« Ted zögerte kurz. »Pass auf dich auf.«

Erledigt. Die Katze war aus dem Sack. Mit dieser über Ozeane und Kontinente gebrüllten Mitteilung, die politische und emotionale Grenzen überwand, hatte ich endlich vor mir selbst besiegelt, dass ich tatsächlich an dieser schlimmen Krankheit litt.

Offenheit war zu meiner ersten Bewältigungsübung geworden. Die frei fließende Ehrlichkeit strömte nur langsam, sickerte aber allmählich durch, erst zu mir selbst und dann zu anderen. Ihr Fluss ließ sich nicht umkehren. Das war mir klar. Die Bewältigung kann ein kompliziertes Denkspiel sein. Mein Leben lag vor mir. Ich brauchte etwas Zeit, um mich auf die neuen Realitäten einzustellen.

Mein Selbstbild veränderte sich notgedrungen. Die Person, die mich mühsam blinzelnd aus dem Spiegel anschaute, veränderte sich vor meinen Augen. Ich konnte weder diesen Fremden noch den Spiegel klar sehen. Ich fühlte mich ohnmächtig, als passiver Passagier in einem dahinrasenden Auto, dessen Automatikgetriebe sich an einer steilen Steigung abmühte. Ich schaltete in einen anderen Gang um, ohne mir der Anstrengungen dieser ungewohnten Bergfahrt richtig bewusst zu werden.

Die Veränderung war tief greifend, der Kontrollverlust zermürbend. In den ersten Jahren nach der Schule, draußen in der großen Welt, dreht sich alles darum, selbstständig zu werden, auf eigenen Füßen zu stehen. Mein Gefühl persönlicher Stärke war so rasant gewachsen wie ein Bambus. Jetzt plötzlich war alles Vertrauen in die Zukunft geschwunden. Die Erfolgsgewissheit bröckelte, als mir klar wurde, dass die Krankheit von jetzt an alles beeinflussen würde, was ich tat. Es gab keine Gewissheit, dass meine Sehkraft zurückkehren würde. Tatsächlich kehrte sie nicht zurück. Ich musste mich in einer neuen Welt zurechtfinden.

Die Anzeichen waren überall. Ich war unsicher auf den Beinen, rempelte Menschen und Möbel an, stieß gegen Türrahmen und stolperte auf Treppen. Eine Frau im Krankenhaus, die mit Besuchern im Aufenthaltsbereich neben den Aufzügen saß, zückte eine Zigarette (damals war das Rauchen in Krankenhäusern noch erstaunlich verbreitet). Ich riss ein Streichholz an und ging hin, um ihr Feuer zu geben, doch infolge der Beeinträchtigung meines lateralen Blickfelds verfehlte ich die Zigarette um 15 Zentimeter. Die Frau lachte über mich, und ich schrak zurück.

Die Vielfalt der Schrecken, die meine Zukunft bereithalten mochte, zog vor meinem inneren Auge vorbei. Ich stand vor den Zerrspiegeln eines Panoptikums, aber mir war nicht nach Lachen zumute. *Ausschuss* trat an die Stelle des Etiketts *Senkrechtstarter*. Ich würde ein eingeschränkter Mensch sein.

Und es ging Schlag auf Schlag. Zeitweise glaubten die Ärzte aufgrund eines nicht eindeutigen Untersuchungsbefunds, ich hätte vielleicht einen Gehirntumor. War die MS noch nicht genug? Ich lernte rasch, dass die Dinge immer noch schlimmer kommen können, eine Beobachtung, die mir später zugute kommen sollte. Sie schnallten mich fest, bevor sie per Druckeinspritzung Kontrastmittel in mein Gehirn trieben – ein inzwischen nicht mehr gebräuchliches Verfahren, das man Arteriogramm nennt. Eine junge Krankenschwester hielt meinen Kopf in ihren Armen. Das Testergebnis war negativ, aber ich war überzeugt, dass mein Kopf explodieren würde. Die Schmerzen und der Druck waren heftiger als alles, was ich in den 30 Jahren seither erlebt habe.

Wieder eine kleine Offenbarung: Die menschliche Belastbarkeit ist viel gewaltiger, als den meisten von uns klar ist. Wir halten uns für schwach, weil wir unsere innere Stärke nicht kennen. Ich war stärker, als ich es je geahnt hatte.

Inmitten des Chaos in der Klinik kamen mich republikanische Anwälte vom Watergate-Ausschuss besuchen, weil sie Informationen über einen schlecht durchdachten Plan zur Wahlkampfspionage während George McGoverns Präsidentschaftswahlkampf 1972 haben wollten. McGoverns Manager hatten mich von ABC abwerben wollen, um Vizepräsident Agnew nachzuspionieren. Das war vor der Ära der Satelliten und der Echtzeit-Kommunikation, und die McGovern-Leute wollten Augen und Ohren inmitten der Agnew-Wahlkampagne haben. Der Plan war den Tod einer schlechten Idee gestorben. Jetzt suchten die Republikaner nach Munition, um gegen die Demokraten zurückzuschießen.

Die Ereignisse meines Lebens gerieten außer Kontrolle, während ich noch verzweifelt bemüht war, mich unter den neuen Umständen zurechtzufinden. Ich wusste, dass die McGovern-Sache verrückt gewesen war. Es wäre ein Abenteuer gewesen. Jetzt im Krankenzimmer eidesstattliche Versicherungen aufzusetzen und der ganze damit verbundene Druck, das alles verwirrte mich nur noch mehr. Wurde ich hier für irgendetwas bestraft?

Die emotionale Artillerie war in Stellung und donnerte drauflos. Ich wand mich, konnte ihr aber nicht ausweichen, während ich platt im Krankenbett lag. Mit Schläuchen ans Bett gefesselt, konnte ich nicht einfach den nächsten Notausgang ansteuern und schreiend davonlaufen. Ich konnte nicht vor mir selbst weglaufen. Solche Gedanken gingen mir in jedem wachen Moment durch den Kopf, oder zumindest in den lichten Momenten. Einen großen Teil der Zeit lag ich einfach nur da, mit Steroiden, allen möglichen anderen Medikamenten und starken Schmerzmitteln voll gepumpt, die mich ins Märchenland entrückten.

Hey, Moment mal! Schluss mit dem ganzen Theater! Ich bin doch erst 25. Ich brauche das alles nicht. Ich will hier raus!, schrie es in mir.

Nicht so schnell!, antwortete die Realität.

Als ich endlich aus dem Krankenhaus herauskam, zitterte ich immer noch. Und ich war wütend. Wut war etwas Neues, hatte sich zum ersten Mal bemerkbar gemacht, als sich meine Leidenschaft fürs Tennis in der letzten Saison vor meiner MS-Diagnose in Frustration verwandelte. Ich traf den Ball nicht mehr richtig. Ich verlor die Beherrschung. Nach der Diagnose gab ich das Spiel auf.

Es tat mir Leid, das Tennisspielen aufgeben zu müssen, und später erzählte ich Freunden, die Multiple Sklerose sei meine Strafe dafür, dass ich mich auf dem Platz wie ein Kleinkind aufgeführt, meinen Tennisschläger übers Netz geschmissen und auch sonst kindisches Konkurrenzgehabe an den Tag gelegt hätte. Ich hatte aggressiv gespielt, nach konventionellem Erfolg gegiert. Das war das Leben, das ich anstrebte. Doch das Zen des Spiels war dabei verloren gegangen, eine passende Metapher für mein weiteres Leben.

Die Wut wurde zu meiner neuen Reisebegleiterin, heftete sich an meine Fersen und blieb immer in meiner Nähe. Beim Verlassen des Krankenhauses war sie geradezu explosiv. Sie richtete sich gegen alles, was sich bewegte, Autos, die mich schnitten, Menschen, die meinen Weg kreuzten. Eines Tages fuhr ich einen Freund zur Union Station. Mein rechtes Auge war immer noch außer Betrieb; ich mühte mich, durch den Nebelschleier etwas zu sehen. Das Auto war für mich gleichbedeutend mit Freiheit, und die Vorstellung, es zu verlieren, erfüllte mich mit panischer Angst.

Als ich mich vorbeugte, um das Abschiedsgeschenk meines Freundes in den Kofferraum zu werfen, bemerkte ich die drei Weingläser in einem offenen Karton genau im gleichen Moment, in dem ich mir den Kopf an der offenen Kofferraumklappe stieß. Die Weingläser zersplitterten in tausend Scherben, die sich im ganzen Kofferraum verteilten. Mein Wutgeheul war so laut, dass sich die Leute nach mir umdrehten. Sechs Monate der Ungewissheit, die sich allmählich zum Eingeständnis einer schweren Krankheit verdichtet hatten, detonierten spontan.

Ich hatte überlebensgroß sein wollen. Mit dieser Fantasie war es vorbei. Ich sah mich nicht mehr als den Draufgänger, der die Errol-Flynn-Rolle im Film meines Lebens spielte. Das Problem der Männer ist: Wir können nicht vergessen, dass wir einst Jungen waren. Und wir Jungen sehen unser Leben als Kino, bis man uns zwingt, erwachsen zu werden, das Kino in unseren Köpfen zu verlassen und in die Realität zurückzukehren.

Doch wie würde meine Realität aussehen? Ich absolvierte eine halbherzige Besuchsrunde bei einigen Experten, um Ratschläge einzuholen, was ich tun könnte. Sie gaben ein paar Gemeinplätze und forcierte Hoffnungsbekundungen für die Zukunft von sich. Wenn Ärzte ihre Hoffnungen auf die Zukunft richten, kann das Vertrauen in die Gegenwart nicht allzu groß sein. Ich beschloss, dass Sätze, die mit dem Wort *irgendwann* anfingen, es nicht wert waren, zu Ende gebracht zu werden.

Dann empfahl mir mein Neurologe ein dünnes Traktat von einem ehemaligen Direktor des St. Joseph's Hospital in Tacoma, Washington, das auf die Behandlung von Multipler Sklerose spezialisiert war. Die MS-Klinik dort war 1959 geschlossen worden. Ich konnte mir schon denken, warum. Das 1962 veröffentlichte *Living at Your Best with Multiple Sclerosis (Machen Sie das Beste aus Ihrem Leben mit Multipler Sklerose)* begann mit einem »Glaubensbekenntnis für die, die gelitten haben«. »Ich bat Gott um Kraft«, begann diese Hymne auf die richtige Einstellung, »auf dass ich lernen möge, mich demütig zu fügen.« Multiple Sklerose als eine Art emotionale Kirchensteuer. Sehr hilfreich.

Weiter empfahl das Büchlein drei simple Schritte beim Auftreten ernster Probleme infolge der Multiplen Sklerose. Das erste Kapitel riet den Betroffenen zur »Anwendung dreier simpler emotionaler Erste-Hilfe-Maßnahmen«:

1. mehrmals tief durchatmen,
2. einige Zeit nichts sagen,
3. das Lächeln nicht vergessen.

Bitte? Wer lächelt hier? Als mein Hohngelächter verebbte, beschlich mich ein ernüchternder Gedanke. Die innere Einstellung ist als Quelle der Kraft und der Einflussnahme auf den Verlauf einer Krankheit nicht so ohne weiteres von der Hand zu weisen. Blütenduft zu schnuppern und gute Gedanken zu denken, würde mich nicht gesünder machen, da war ich mir einigermaßen sicher. Stark zu bleiben und mir eine positive Einstellung zu bewahren, schon eher. Das war mein kleines Floß in der kabbeligen See; es war schwer, sich daran festzuklammern, doch es war alles, was ich hatte. Intuitiv wusste ich, dass mein seelisches Wohlbefinden ebenso wichtig für meine Gesundheit sein würde wie alle Umwege, auf die sich mein Körper begeben mochte.

Meine ursprüngliche Verleugnung der Diagnose reifte zu der Weigerung, Einschränkungen hinzunehmen, und der Entschlossenheit, mein Leben auf der vorgesehenen Bahn zu halten. Ich musste lernen, zu überleben und mich an neue, bedrohliche Umstände anzupassen, das war meine neue Mission. Mein Kurs war simpel, wenn auch nicht unter funktionellen Gesichtspunkten. Gesteh dir die Krankheit ein. Kontrolliere deine Emotionen. Halte dein Wissen begrenzt. Behalte dir das Recht vor, zu verleugnen, die Gegenwart zu schönen und aus einem beeinträchtigten Leben das Beste zu machen. Eine Variation des altbewährten Kopf-in-den-Sand-Manövers. Ich zog den Kopf ein, versuchte aber gleichzeitig, nach vorn zu schauen, wenn auch durch eine gesprungene Linse.

Das Jahr 1973 wurde zum Prolog für die nächsten 30 Jahre. Ich lernte meine ersten Lektionen in puncto Bewältigung und Leben in Koexistenz mit einer bedrohlichen Krankheit. Sich Kontrolle anzumaßen, wo es keine gibt, war Torheit. Die Wahrheit nicht sehen zu wollen, hatte mich aufgehalten. Diese Fiktionen machten den Weg nur noch steiler. Ich wusste nicht mehr, was ich von mir halten sollte, weil es sich irgendwie so anfühlte, als ob ich an dieser schweren Krankheit selbst schuld sei. Ich wurde bestraft. Das war eine kindische Reaktion, aber sie ließ sich nicht abschütteln.

Ich hatte ein neues Bild von mir als reduziertem Menschen, und das tat sehr weh. Ich fühlte mich betrogen und besiegt und verspürte ein dringendes Bedürfnis nach Wiederherstellung. Dieser Prozess des Wiederaufstiegs konnte nur von innen heraus beginnen. Die Anpassung an die Krankheit erschien mir als stiller, persönlicher und passenderweise einsamer Vorgang. Doch wenn ich über mich hinaussah, erblickte ich zwei Unbeirrbare, die ebenso mit dem neurologischen Albtraum zu kämpfen hatten wie ich: meine Großmutter und meinen Vater. Sie waren meine Rollenmodelle, auch wenn ich sie nicht bewusst als solche wahrnahm.

KAPITEL 3

Familienforschung

Es gibt eine alte Redensart in der Nachrichtenbranche: Halt dich an das, was du hast. Deadlines warten nicht auf Perfektion. 1974 war für mich keine Perfektion in Sicht, nur meine selbst gesetzte Frist für ein Vorankommen. Zeit war verronnen, Boden verloren gegangen. Mein Schreckensjahr war zu Ende, meine Welt etwas zur Ruhe gekommen. Mir stand nun ein Leben mit Multipler Sklerose bevor. Ich war desorientiert, kämpfte noch darum, mich auf meine neue Realität einzustellen. Mein Blick richtete sich auf diejenigen, die mir die Grundregeln des Umgangs mit Krankheit beigebracht hatten: meine Großmutter Celia und ihren ältesten Sohn Benjamin, meinen Vater. In gewissem Sinne kehrte ich heim.

Celia Shedroff Cohen war eine für ihre Zeit ungewöhnliche Frau. Sie war Besitzerin und Betreiberin des in den 1930ern eröffneten Patricia Ladies Shop in der Albany Street im altehrwürdigen Städtchen Schenectady. Sie war zäh, unabhängig und eine der ersten Frauen im Staat New York, die ein Auto fuhr. Das war Teil der Familienlegenden meiner Jugend.

Grandma Cohen tat fast alles auf ihre eigene Art und Weise. Im Erwachsenenalter gab sie ihre schwere Nikotinsucht – ein Päckchen Camel am Tag – und ein unbefriedigendes häusliches Arrangement – die Ehe – auf. Sie scherte sich nie darum, was andere dachten; sie wusste, was sie im Leben brauchte.

Sie erhob die Exzentrizität zur Kunstform. Sie war in ihre beiden Söhne vernarrt und glaubte fest daran, dass Benjamin

Arzt geworden sei, weil sie während der Schwangerschaft mit ihm auf einem Friedhof gesessen und medizinische Lehrbücher gelesen hatte. Diese Großmutter spaßte gern mit ihren Enkeln, warf den Kopf zurück und sagte mit ihrem unverwechselbaren Lachen, sie haue nun mal lieber auf die Pauke, als dass sie nach jemandes Geige tanze. Celia nannte meinen Cousin und meine Cousine, ihre anderen Enkel, immer nur »das Mädchen« und »der Junge«, obwohl sie sie von Geburt an kannte. Sie war etwas seltsam, aber ihr Geist blieb bis zum Schluss ungetrübt.

Celia war die personifizierte Stärke, selbst als sie nach und nach ihre Gehfähigkeit verlor. Celia ging nie von sich aus zum Arzt und wurde nie offiziell als MS-Patientin diagnostiziert. Als ihren Ärzten schließlich klar wurde, dass diese neurologische Erkrankung sie in den Rollstuhl und schließlich ins Pflegeheim gebracht hatte, war sie bereits eine ältere Dame, und man war sich einig, ihr die Torturen eines unsicheren, oft langwierigen Diagnoseprozesses zu ersparen. Die Ärzte erkannten letztendlich, dass sie an MS litt, aber ich bezweifle, dass es ihr selbst je klar wurde.

Celia starb, als ich 32 war. Ich erhielt den Anruf an einem kalten Wintertag und fuhr mit dem Zug nach Hartford, wo ihr Leben zu Ende gegangen war. Ich erinnere mich, wie ich auf dem Weg nach Connecticut daran dachte, dass Celia nie den Eindruck erweckt hatte, Gefangene ihrer Krankheit zu sein, obwohl es natürlich so war. Irgendwie erhob sie sich über ihre Krankheit. Ich habe sie nie über ihren Gesundheitszustand klagen hören. Sie nahm jeden Tag so, wie er kam. Sie hatte über so viel anderes nachzudenken als sich selbst. Celia mochte Menschen. Tiere liebte sie. Einmal, als ich bei ihr zu Besuch war, bemerkte sie ein paar Ameisen auf dem Boden und wollte ihren Rollstuhl nicht bewegen, um sie nicht zu zerquetschen.

Celias Entschlossenheit, nicht zu klagen und keinem Lebewesen zu schaden, erhielt sie aufrecht. Obwohl wir in der Familie allerlei Geschichten über sie erzählten und oft gemeinsam darüber lachten, war sie bei aller Verschrobenheit ein leuchtendes Vorbild für ein Leben in Würde.

Meine Großmutter schien ihre Einschränkungen zu akzeptieren und mit ihnen zu leben. Sie erfuhr nie, womit sie es da zu tun hatte. Das Kürzel MS sagte ihr vermutlich nichts. Vielleicht gab die Unwissenheit ihr Frieden. Ich frage mich, ob ich mich so friedlich damit abfinden möchte oder es überhaupt könnte. Ich selbst muss mit einer offiziellen Diagnose leben, die meine Sicht der Welt grundlegend verändert hat. Und natürlich bin ich ohnehin stets kampfbereit. Ich kämpfe mit Zweifeln, ob es richtig und sinnvoll ist, seine Bürde ohne Kampf hinzunehmen.

Andererseits, wann ist ein Kampf vernünftig? Celia ließ keinen Zorn erkennen, keine Bitterkeit über ihr Leben. Diese Großmutter prägte als Erste die unverrückbaren Grundsätze unserer Familienkultur, ein fest gefügtes Wertesystem, das ihr gebot, sich den Umständen anzupassen und weiterzumachen. Mein Vater war darin ihr gelehriger Schüler.

Bei den täglichen Histologie-Übungen am Albany Medical College mussten die Medizinstudenten des ersten Semesters regelmäßig ans Mikroskop. Es war ein Pflichtkurs. Der Dezember war im nördlichen Teil des Staates New York oft ein trüber Monat, aber meinem zukünftigen Vater, damals erst 20, erschien das ganze Leben sonnig. Die Schule lag hinter ihm, ein neues Leben hatte begonnen. Im Spätherbst setzte die mitunter stumpfsinnige Routine des langwierigen Studiums ein. Eines Tages dann die umwälzende Entdeckung: Der Blick durchs Mikroskop, abwechselnd mit dem einen und mit dem anderen Auge, brachte den angehenden

Arzt zu der Erkenntnis, dass er auf einem Auge völlig blind war.

»Ich sah überhaupt nichts«, erinnert sich mein alter Herr. »Noch am Vortag hatte ich völlig problemlos mit demselben Auge durch dasselbe Mikroskop geblickt. Erst am Mikroskop bemerkte ich, dass ich ein Problem hatte, weil das andere Auge normal funktionierte und mir beim Blick in die Ferne gar nicht auffiel, was los war.«

»Dein Gehirn hat es kompensiert«, sagte ich.

»Das sind deine Worte«, erwiderte mein Vater rasch, wie immer leidenschaftslos und klinisch. Eine dritte Eigenschaft kam ihm in dieser ersten Krise einer langen Leidensgeschichte zu Hilfe: Gemütsruhe.

Mein Dad wusste nicht, was in seinem Körper passiert war. Seine Medizindozenten, die nun plötzlich zu seinen Ärzten wurden, wussten es ebenso wenig. Sie dachten, die Erblindung sei psychogen, ein medizinischer Ausdruck für »alles nur Einbildung«. Er erhielt den Rat, das Medizinstudium aufzugeben, weil er dem Druck offenbar nicht gewachsen sei. Er fuhr nach Hause, und wie durch ein Wunder kehrte seine Sehkraft zurück. Es dauerte Jahre, bis er herausfand, dass ein einseitiger Verlust der Sehkraft bei Multipler Sklerose häufig vorkommt, ebenso eine vollständige oder partielle Remission.

Gegen Ende des Medizinstudiums begann er, doppelt zu sehen, doch wiederum erhielt er von den Ärzten, die er so regelmäßig in den Vorlesungssälen und auf den Korridoren sah, wenig Feedback und keinen brauchbaren Rat. »Als schließlich der Zweite Weltkrieg ausbrach, ging ich wie alle meine Kommilitonen zur Musterung, um in die Armee einzutreten«, sagt mein Dad heute. »Zufällig wurde ich von einem jungen Neurologen untersucht, der mir sagte, ich habe fraglos ein systemisches neurologisches Leiden. Präziser wurde er nicht.« Da die Marine ihn ablehnte, blieb er auf der Universität.

»Wie enttäuscht warst du?«, frage ich. Seine Altersgenossen tauschten ihr Leben und ihren Beruf gegen die Uniform, um in Europa und auf dem Pazifik gegen die Feinde Amerikas zu kämpfen. »Es war ein Schlag für mich«, sagt mein alter Herr. »Ich ging ohne jede medizinische Vorgeschichte in diese Untersuchung, und sie wollten mich nicht nehmen. Etwas war nicht in Ordnung mit mir.«

Es war der Beginn des Kriegsbooms. Die jungen Leute, vor allem Männer, die während der Depression aufgewachsen waren und sich durch die Schule und dann durch die weitere Ausbildung gekämpft hatten, mussten für ihren Erfolg meist einen hohen Preis zahlen. Die Entschlossenheit, es zu etwas zu bringen, und die harte Arbeit, die nötig war, um ihre Träume zu verwirklichen, zwang junge Menschen, sich zu konzentrieren und rasch erwachsen zu werden.

Das tat mein Dad. Er wusste, was er wollte, und machte sich daran, es zu bekommen. Das Leben ist schließlich eine Meritokratie. Man verdient sich sein Glück, zumindest bis zu dem unvermeidlichen Moment, in dem der Zufall eingreift und diesen Aberglauben als falsch entlarvt. Die harte Lektion, dass das Leben ungerecht ist, lernte mein Dad schon früh, aber er konnte nicht wissen, dass das nur der Anfang war.

Mein Vater machte einfach weiter seine Arbeit. In dem Maße, wie seine körperlichen Probleme mit den Jahren und bis in mein Erwachsenenalter hinein zunahmen – er wurde unsicher auf Bürgersteigen und Treppen, stürzte sogar von Zeit zu Zeit, obwohl wir Kinder nie etwas davon erfuhren –, wuchs auch seine Entschlossenheit, sein Leben so zu leben, wie er, nicht irgendein anderer Arzt, es für richtig hielt.

»Wenn Beschränkungen auftauchten, stellte ich mich einfach darauf ein«, erinnert er sich fast beiläufig. »Ich verfiel nicht in Hysterie und jammerte: ›Oh Gott, ich werde zum Krüppel.‹ Ich lebte einfach von einem Tag zum anderen.« Das ist der Kernpunkt der Bewältigung: den Ball im Spiel und die Tür zur Theatralik fest verschlossen zu halten. »Ich bin mir nicht sicher, was die Zukunft bringt«, sagt er, »aber ich werde sie so nehmen, wie sie kommt.«

Das klingt so elementar, aber es scheint vielen Menschen sehr schwer zu fallen, sich die richtige Perspektive zu bewahren. Ich glaube, das ist weniger die Folge einer bewussten Entscheidung als eine Sache der Veranlagung und der seelischen Haltung. »Man entscheidet das nicht bewusst. Es passiert eher unterbewusst, es ist eine Frage der Persönlichkeit und der inneren Konstitution«, sagt auch mein Vater.

Bewältigung war für meinen Dad stets etwas, das sich im Stillen abspielte, selbst innerhalb der Familie und über Generationsgrenzen hinweg. Keiner sprach groß über die Multiple Sklerose. Celia behielt ihre Gedanken für sich. »Wenn sie körperliche Probleme hatte, hätte sie ihren Kindern nie etwas davon gesagt«, berichtet mein Dad. Und erzählte er seiner Mutter von seiner MS? »Na ja, ich habe meinen Eltern nie irgendetwas erzählt«, sagt mein Vater. »Ich glaube, sie wären gestorben, wenn sie gewusst hätten, dass ich ein Problem hatte.« Sein Bruder Aaron, inzwischen 82 und bis zu seiner Pensionierung leitender Beamter der Abteilung für wirtschaftliche Entwicklung im US-Handelsministerium, sagte zu mir: »Dein Vater ist nicht gern Überbringer schlechter Nachrichten. Er behält sie lieber für sich.«

In seinem Handeln und seiner Einstellung, seinem Verhalten innerhalb und außerhalb der Familie hielt mein Vater offenbar eine Diskretion für angebracht, die an Stillschweigen grenzte.

Er sprach nicht oft über seine Krankheit, nicht einmal mit meiner Mutter, mit der er seit 58 Jahren verheiratet ist. »Natürlich wusste ich, dass etwas nicht in Ordnung war«, erinnert sich meine Mutter. »Als wir heirateten, war längst klar, dass es sich nicht um eine Hysterie wegen des Medizinstudiums handelte«, sagt sie und macht eine gedankenvolle Pause. »Eine Multiple Sklerose schien möglich«, sagt sie, »nicht wahrscheinlich.«

Als sich die Puzzlestücke für ihn schließlich zusammenfügten, war es meinem Dad längst zur Gewohnheit geworden, die Dinge für sich zu behalten. »Wenn er ein Problem hatte, löste er es, und erzählte mir erst hinterher davon«, sagt meine Mutter, inzwischen in den Achtzigern, sachlich. Ihre Ehe stammt aus einer anderen Zeit, als Männer noch Männer waren und alle anderen im Dunkeln ließen.

Mein Vater nahm sich das patriarchalische Vorrecht, allein am Ruder zu stehen. Und es scheint althergebrachtes männliches Verhalten zu sein, einfach schweigend zu leiden. Keiner bei uns zu Hause zweifelte an der Liebe meines Vaters. Die Familie und die Medizin waren sein Leben. Er widmete sich beiden mit vorbehaltloser Hingabe. Er entstammte einer anderen Zeit, und er bewegte sich in einem ganz anderen gesellschaftlichen Kontext. Und er ist sonderbar.

»Es gab zwei Gründe«, erklärt meine Mutter die Haltung meines Vaters. »Der eine war der, na ja, dass er schon immer so war. Der andere, dass er Angst hatte, es könnte seiner Karriere schaden. Das Leben von Patienten lag in seiner Hand. Sie hätten vielleicht gesagt: ›Das Risiko kann ich nicht eingehen.‹« Das ist ein sehr altes Thema.

»Arzt, hilf dir selber«, steht schon in der Bibel (Lukas 4,23). Die Kranken, fand man anscheinend, sollten keine Kranken behandeln. Nur die Gesunden könnten Wunden schließen. Die Sorge meines Vaters schien in einer Welt voller Vorurteile und Unwissenheit über Krankheit durchaus berechtigt. Schwere Krankheiten wurden überall in Amerika von den Betroffenen viele Jahre lang unter Verschluss gehalten. Warum sollte es in unserer Familie anders sein?

Als meine Diagnose gestellt wurde, knapp 30 Jahre, nachdem mein Vater sein Medizinstudium abgeschlossen hatte, überging er die gesundheitlichen Konsequenzen und kam gleich zum Kern der Sache: der Unterdrückung der Information. »Sag es niemandem«, riet er mir sofort. »Diese Information kann gegen dich verwandt werden.« Ausnahmsweise tat ich, was mir gesagt wurde.

Die Sorge meines alten Herrn um mich war eine logische Konsequenz seiner Erfahrung, wenn auch vielleicht nicht mehr ganz zeitgemäß. Geschwätzigkeit versenkt Schiffe, so der alte Slogan aus dem Zweiten Weltkrieg. Einem Journalisten und Nachrichtenproduzenten, der über das Leben anderer berichtete, konnte das öffentliche Bekanntwerden seiner seltsamen und bedrohlichen Erkrankung schaden. Es war eine Frage des Selbstschutzes. Ich war mit der Erwachsenenwelt noch nicht vertraut genug, um seine Logik infrage zu stellen.

Später sollte ich einen anderen Kurs einschlagen. In meinen Entscheidungen mischte sich ein aufgeklärteres, wenn auch naives Bewusstsein mit gesundem Menschenverstand. Der persönliche Überlebensinstinkt und das Bedürfnis nach Selbstschutz sind starke Kräfte. Doch zu guter Letzt öffnete sich der Vorhang. Das Licht der Scheinwerfer war hell. Ihre Hitze wärmte mich. Gleichzeitig lernte ich, im Umgang mit anderen meinen Rücken zu decken. Letztlich sind wir alle anderen Menschen ausgeliefert, und ich sollte durch schlechte Erfahrungen lernen, mein Vertrauen nur wohl überlegt zu vergeben.

KAPITEL 4

Die Sache mit der Ehrlichkeit

Der späte Vormittag läutete im Allgemeinen die erste Pause vom Unterricht an der Uni ein und damit eine gefährliche, oft verkehrswidrige Überquerung des Broadways, um einen Kaffee und etwas Zuckriges für den langen Studientag zu ergattern. Mein bevorzugtes Gift waren Reese's Peanut Butter Cups. Diese geradezu widerlich süßen Erdnussbutter-Pralinen dienten mir als Treibstoff für meinen Weg durch die Journalistenschule der Columbia University in New York City. Ich besuchte die Columbia, um meine Schreib- und Produktionskünste zu perfektionieren. Außerdem hatte ich keinen Job.

Nach meiner Rückkehr von den Tagen und Wochen erzwungener Untätigkeit im Krankenhaus hatte ich weiter bei ABC News herumgehangen und an Dokumentarfilmen gearbeitet. Das Ölembargo von 1973 hatte die Wirtschaft ausgetrocknet, und die Nachbeben waren auch einige Jahre danach noch zu spüren. Es kam zu Einsparungen bei den Sendern, und ich war entbehrlich. Arbeitslos, krank und unzufrieden fing ich ein Aufbaustudium an, unsicher, ob dies die richtige Entscheidung war. Mein rechtes Auge funktionierte nur mit halber Kraft, während ich mich mit voller Kraft ins Studium stürzte, entschlossen, Columbia hinter mich und meine lahmende Karriere wieder in Gang zu bringen.

Ich fühlte mich schon ganz kribbelig, als ich mich an diesem Spätwintertag 1976 zu meiner Zuckerorgie am Broadway aufmachte. Das Ende des Studienjahrs war in Sicht und mein

Master-Titel in Reichweite. Ich wollte endlich fertig werden und hier abhauen, an die Arbeit und in die reale Welt zurückkehren. Ich fühlte mich an dem Morgen nicht ganz wohl, hätte aber nicht genau sagen können, woran das lag.

Das grelle Sonnenlicht blendete mich, als ich am Rand des Broadways stand und angestrengt in die Ferne starrend darauf wartete, den breiten Boulevard zu überqueren, auf dem Busse und Autos an mir vorbeirasten.

Der Verkehr verlangsamte sich und kam dann zum Stillstand. Ich blickte auf und über die Straße, bereit loszugehen. Gegen die grelle Sonne blinzelnd, suchte ich das grüne Blinklicht, das mir die Überquerung gestattete. Es war nirgends zu sehen. Aber es musste da sein. Ich starrte noch angestrengter, um auf der anderen Seite des Broadways dieses grüne Zeichen oder überhaupt irgendeine erkennbare Landmarke im Durcheinander der Läden an der 116th Street, neben dem Hauptplatz der Columbia University, auszumachen. Da war nur ein Nebel aus verschwommenen Konturen und Bewegungen. Endlich dämmerte mir, dass irgendetwas ganz und gar nicht in Ordnung war.

Es war mein bislang gesundes Auge. Seit sich mein rechtes Auge 1973 getrübt hatte, hatte ich mich auf meine anderen Sinne und mein linkes Auge verlassen, um die Gefahren des Fußgängerdaseins in der Großstadt zu überleben. Jetzt verdunkelte sich auch mein anderes Auge. Meine Ohren sprangen auf der Stelle für die nachlassende Sehkraft ein. Die Kompensierung des einen Sinns durch den anderen wurde sofort offensichtlich, als ich zurück über den Broadway manövrierte, ganz darauf konzentriert, das Gleichgewicht zu halten.

Ich eilte zurück in die Uni und verbrachte den Nachmittag damit, mein Sehvermögen zu testen. Ich stellte fest, dass ich keine noch so groß gedruckten Wörter in Büchern, Zeitschriften oder Zeitungen lesen konnte, egal, was ich anstellte. Als ich am nächsten Tag das medizinische Zentrum der Columbia aufsuchte, machte ich die Bekanntschaft eines erstklassigen Neuro-Ophthalmologen, der nicht um den heißen Brei herumredete. »Für den Rest Ihres Lebens stehen die Chancen jeden Tag fifty-fifty, dass sich Ihr Sehen weiter verschlechtert«, warnte er mich.

Meine Eltern reisten aus Connecticut an. Meine Mutter war entsetzt, brach im Restaurant in Tränen aus, als sie sah, wie ich mir die Speisekarte dicht vors Gesicht hielt und sie trotzdem nicht lesen konnte. Ich war entgeistert. Die Zurschaustellung heftiger Gefühle hatte in unserer Familie Seltenheitswert. Mein Bruder und seine Freundin, die mit am Tisch saßen, starrten bloß vor sich hin ins Leere.

Mein Vater durchbrach das Schweigen, indem er uns allen riet, ruhig zu bleiben. »Etwas wird passieren. Die Dinge werden sich verändern, in die eine oder andere Richtung«, sagte mein alter Herr. »So ist das eben mit dieser Krankheit.«

Ich war mal wieder im Begriff, etwas über MS dazuzulernen.

Und auch diesmal war ich wie betäubt, fühlte fast nichts. Es war, als wäre ein Trennschalter ausgelöst worden. Ich hatte nicht einmal das Gefühl, dass mir übel mitgespielt wurde. Was soll's, dachte ich. Ich musste nach vorn schauen, selbst wenn meine Augen nicht viel sahen. Ich schwor mir, dass ich mich von diesem Problem nicht beeinträchtigen lassen würde. Das war natürlich absurd. Ich war bereits stark beeinträchtigt. Meine Sehkraft näherte sich dem Wert, ab dem man offiziell als blind eingestuft wird – gerade als das Ende meines Studiums in Sicht kam.

Meine nachlassende Sehkraft gaukelte mir eine illusionäre Welt vor. Die Realität verzerrte sich. Ich versuchte, zu erkennen, was ich sah, und zu verstehen, was ich zu sehen glaubte. Das war nicht immer das Gleiche. Gegenstände veränderten je nach Beleuchtung und Entfernung ihre Form und Größe. Ein am anderen Ende des Raums auf dem Boden ausgestreckter Schäferhund konnte sich beim Näherkommen in eine Kiste verwandeln.

Die Überraschungen schienen kein Ende zu nehmen. Eines Abends saß ich auf einer Stufe, die nach unten ins Wohnzimmer eines Freundes führte. In meiner Peripheriewelt, meinem klareren seitlichen Blickfeld, nahm ich eine plötzliche Bewegung wahr. Mein Kopf schoss nach rechts herum, tastete den Raum ab, um den Eindringling zu orten. Er war leer. Dann sah ich es. Ich ließ mich auf die Knie nieder und beugte mich über die Ameise, die durch den Raum krabbelte. Dass ich dieses winzige Tier aus dem Augenwinkel bemerken konnte, brachte mir die Realität all dessen, was ich unmittelbar vor mir nicht mehr sehen konnte, schmerzlich zu Bewusstsein. Mir wurde immer klarer, dass ich nicht mehr in dem Land lebte, das ich einst gekannt hatte.

Was ich alles nicht mehr sehen konnte, war unübersehbar. Ich konnte die visuellen Barrieren, die mich umgaben, die mich einschlossen, sehen und buchstäblich spüren. Manchmal fühlte ich mich geradezu klaustrophobisch beengt, als ob die Wände auf mich zukämen. Diese Empfindungen habe ich bis heute.

Es gab kein Entkommen vor den Unwägbarkeiten der Bilder um mich herum – seltsame Formen in der Ferne, vorbeiflitzende Fahrzeuge oder Menschen, die sich plötzlich aus dem Nebel lösten. Meine beeinträchtigte Sicht war verwirrend. Ich sehnte mich danach, diese Barriere zu durchbrechen. Alles war neu für mich. Details verschwanden, wenn ich mich zurücklehnte und aus einem Fenster in die Ferne starrte. Auch

Kinofilme kamen nicht mehr infrage. Die Leinwand war, so wie alles Leben, das sich in etwas größerer Distanz abspielte, zu einem impressionistischen Gemälde geworden, auf dem alle Gegenstände zu formlosen Flecken verschwammen. Dieses Gemälde hat seinen festen Platz auf der Staffelei behalten.

Und meine Karriere schien nur noch in meiner Erinnerung zu existieren. Meine Welt hatte sich um ein visuelles Medium gedreht. Ich hatte als Fernsehproduzent soeben den dritten K.-o.-Schlag kassiert, so kam es mir jedenfalls vor. Ich konnte die Bilder auf einem Fernsehmonitor nicht einmal sehen, geschweige denn, irgendwie entwirren. Und das Leben und die Welt zu entwirren, darum ging es doch wohl beim Journalismus. Selbst mein Studienabschluss schien infrage gestellt. Mein altes Leben war auf jeden Fall gestorben.

Zu behaupten, ich wäre völlig ratlos gewesen, würde der Sache nicht gerecht. Ich wusste, dass ich mit jemandem an der Columbia University darüber reden musste, was mit mir los war, auch wenn das dem zwanghaften Hang der Familie Cohen zu Geheimhaltung und Stillschweigen zuwiderlief. Die schwierige Frage war, wem ich vertrauen konnte.

Meine Wahl fiel auf Fred W. Friendly, der ein Seminar über Medien und Gesellschaft abhielt. Ich hatte eine Heidenangst vor dem launischen und bombastischen Ex-Direktor der CBS News, dem Ex-Produzenten und -Partner des legendären Journalisten Edward R. Murrow. Fred ließ keine Entschuldigung für unerledigte Aufgaben gelten. »Erzählen Sie mir nichts von Ihren Problemen!«, fauchte er Studenten an, die versuchten, einen einfachen Ausweg zu finden. Einfach stand nicht auf meinem Wunschzettel. Ein Ausweg aus diesem Schlamassel schon. Ich erwartete von Fred kein Mitgefühl, das gehörte nicht zu meinen Prioritäten. Alles Kopftätscheln würde mir meine Sehkraft nicht zurückgeben. Fred war ein Pragmatiker, und ich brauchte einen ungeschminkten Rat von jemandem mit guten Instinkten und Überlebenskünsten. Ich atmete tief durch und stattete Fred einen Besuch ab.

Als eingefleischter Journalist bestand Professor Friendly, nachdem ich ihm von meiner fortschreitenden Krankheit berichtet hatte, zunächst einmal darauf, er müsse unter vier Augen mit meinem Neurologen sprechen, um die Geschichte direkt von ihm zu hören. Fred ließ sich von mir nicht einmal die Telefonnummer geben. Er wollte den Arzt selbst ausfindig machen, um sicherzugehen, dass ich ihn nicht zum Narren hielt. Der Mann verließ sich auf nichts.

Als Fred den Neurologen erreicht und sich vergewissert hatte, dass meine Situation tatsächlich so war, wie von mir geschildert, lehrte er mich etwas, das über reinen Journalismus hinausging. Fred zeigte sich persönlich betroffen, eine Mühe, die sich nur wenige Ärzte gemacht hatten. Er machte mir deutlich, dass er erschüttert war und selbst Bewältigungsarbeit zu leisten hatte. Ich war überrascht, fühlte mich aber sehr ermutigt.

Fred folgte in dem Moment einem freundlichen Instinkt. Er wusste, dass ich verletzt und verletzlich war, und spürte, dass ich mehr brauchte als nur seinen Rat, wie ich den Rest des Universitätsjahrs durchstehen und meinen Master-Titel schaffen sollte. Das war der einfachere Teil. Ich verbrachte lange Stunden in seinem Büro, in denen er mir von den zermürbenden psychischen Problemen seiner Exfrau erzählte. Fred sprach in sehr persönlicher Weise über ihre Zwangseinweisung und die Auswirkungen auf seine Familie.

Fred hätte das nicht zu tun brauchen. Er entblößte seine Seele nicht ohne Grund. Indem er mich an seinen schmerzlichen emotionalen Erfahrungen teilhaben ließ und mir erzählte, wie er gelernt hatte, sich mit ihnen auseinander zu setzen, bot er mir sein Leben als Metapher für meines an. Fred sagte mir damit, dass ich nicht allein sei. Er lehrte mich auch, dass es in Ordnung sei, anderen von einer schlimmen Lage zu erzählen.

»Seien Sie ehrlich«, riet mir Fred. »Seien Sie offen. Reden Sie darüber.« Er empfahl mir, potenziellen Arbeitgebern die ganze Wahrheit über meine Gesundheitsprobleme zu sagen. Das sei das einzig Ehrenhafte. »Sie werden es sowieso herauskriegen«, sagte er. »Besser, es kommt von Ihnen.« Fred warnte mich auch, ich würde ein besserer Produzent sein müssen als sämtliche Mitbewerber für Jobs bei den Fernsehnachrichten, um meine Beschränkungen wettzumachen.

»Ich habe Ihre Arbeit gesehen«, fügte Fred hinzu und beugte sich in seinem Stuhl vor. »Offen gesagt, so gut sind Sie nicht«, bemerkte er in seiner nüchternen Art. Dieses Misstrauensvotum war vermutlich gut gemeint, aber es schmerzte. Für mich gab es kein Zurück. Ich war nicht so weit gekommen und hatte all diese Hindernisse überwunden, um jetzt plötzlich einen neuen Berufsweg zu wählen. Ich hatte den starken Verdacht, dass Fred versuchte, mich von dieser harten Branche abzubringen, um mir unvermeidliche Enttäuschungen zu ersparen. Fred stand zu seiner Mahnung, ehrlich zu sein. Heute, Jahrzehnte später, denke ich, er hatte das Gefühl, dass Ehrlichkeit angebracht sei und die Branche mich bei lebendigem Leibe auffressen würde.

Fred hatte es sich seit langem zur Gewohnheit gemacht, seine besten und vielversprechendsten Columbia-Absolventen bei CBS News vorzustellen und für Jobs zu empfehlen. Die Liste seiner erfolgreichen Empfehlungen war lang. Er machte mir kein solches Angebot. Das überraschte mich nicht. Ich wusste, dass Fred der Meinung war, ich solle aufgeben und die Branche verlassen. Er wusste, dass die führenden Kräfte der Nachrichtenbranche wenig Lust hatten, sich mit den Problemen ihrer Mitarbeiter zu befassen. Der Himmel wusste, dass er dazu keine Lust verspürte, als er bei CBS das Sagen hatte. Aber ich hatte mir im Umgang mit meiner Krankheit das Kredo gewählt: »Niemals aufgeben.« Fred wollte mich schonen. Zur Hölle mit Fred Friendly, dachte ich. Ich würde weitermachen.

Als das Studium zu Ende ging, hatte ich ein Vorstellungsgespräch bei *NBC Nightly News*, deren leitender Produzent einige Zeit zuvor Interesse geäußert hatte, mich nach meinem Columbia-Abschluss zu treffen, und mir fast schon einen Job zugesagt hatte. Ich beabsichtigte, ihm die Wahrheit zu sagen.

Die *Nightly*-Nachrichtenredaktion befand sich im dritten Stock des Rockefeller Centers, mit Blick auf die Schlittschuhbahn, wo jedes Jahr der große Christbaum steht. Der leitende Produzent teilte mir mit, es gebe Jobs in Washington und Los Angeles, und er würde mich für einen davon in die engere Wahl ziehen. Dann erzählte ich ihm von meiner Krankheit. Zuerst sagte er nichts. Er setzte sich gerade hin und zerrte am Knoten seiner Krawatte. Seine Haltung versteifte sich. Ich glaubte fast, das Klicken zu hören, mit dem das Leuchten in seinen Augen erlosch. »Darüber muss ich nachdenken«, sagte er. »Ich melde mich bei Ihnen.« Er hat es nie getan.

Ich zog daraus eine wertvolle Lehre. Ehrlichkeit ist nicht die beste Politik. Der ehrliche Umgang mit Gesundheitsproblemen mag innerhalb der Grenzen der akademischen Welt und vielleicht im Kino funktionieren. Doch in der realen Welt kommt absolute Offenheit nicht so gut an. Harte Zeiten in einer hart umkämpften Branche in einem schwierigen Augenblick der Geschichte lassen wenig Spielraum, mit einer schweren Erkrankung fair umzugehen. Menschen mit ernsthaften Problemen werden in einer Welt, die sich um Dollar und Cent dreht, leicht als schwache Jobkandidaten gesehen. Ehrenhaftes Verhalten ist schön und gut, solange es um nichts geht. Die Nachrichten sind vielleicht ein Gewerbe, das die Wahrheit hochhält, aber diese Wahrheit macht niemanden frei.

Sag nichts zu niemandem. Mein alter Herr hatte Recht. Die Wahrheit hatte ihren Reiz, aber ich gewöhnte sie mir ab und verlegte mich stattdessen auf Vernebelungstaktik. Der moralische Imperativ, die Karten auf den Tisch zu legen, verwandelte sich in eine Strategie der passiven Lüge. Ich ging zurück zum öffentlichen Fernsehen, zur Nachrichtensendung *MacNeil/Lehrer Report*.

Die Entscheidung, nicht über meine MS zu sprechen, die Krankheit geheim zu halten, war ein Akt der Selbstverteidigung. Aber sie forderte ihren Preis. Das Schweigen unterminierte meine Fähigkeit, mich auf die Krankheit einzustellen. Ich verbarg etwas, und die Heimlichtuerei fühlte sich schmutzig an, als ob ich etwas Unrechtes getan hätte. Die geheimen Winkel des Geistes sind düster. Die dort versteckten Informationen wurden ihrerseits nur noch düsterer. Dieses Schuldgefühl bin ich nie losgeworden.

Meine Heimlichtuerei beunruhigte mich immerhin so sehr, dass ich mir ein paar persönliche Regeln dafür aufstellte, wann die Unehrlichkeit zu weit ging und wann sie zulässig war. In der Branche, deren Regeln wir alle unterworfen sind, würde ich kein Risiko eingehen. Man sollte die Unvoreingenommenheit anderer nie als selbstverständlich voraussetzen. In meinem Privatleben hingegen war Ehrlichkeit eine Grundvoraussetzung, jedoch in unterschiedlichem Ausmaß.

»Cohen, warum siehst du so schlecht?« »Was ist mit deinen Augen los?« »Du bist so blind wie ein Maulwurf.« Angehende Journalisten haben ein Talent dafür, immer die passenden Worte zu finden. Es kam mir vor, als ob mir praktisch jeder Kommilitone an der Columbia diese müßige Frage in irgendeiner Form stellte. Doch meine Standardantwort genügte vollauf. »Schlechte Augen.« Das war alles. Schlechte Augen. »Ach so, o.k.«, antworteten die Frager unweigerlich und offenbarten damit ihren Mangel an wirklichem Interesse, sodass ich mich wunderte, warum sie mich überhaupt gefragt hatten.

Wenn jemand es wirklich wissen wollte, würde er den Weg zur Quelle der Wahrheit ohnehin finden. Viele meiner engeren Freunde arbeiteten in der Nachrichtenbranche, und jeder weiß, dass Journalisten keine Geheimnisse für sich behalten können. Ich ließ die Information an eine ausgewählte Gruppe durchsickern. Meine Theorie ist die: Wenn ein Geheimnis interessant genug ist, wird die Person, welche die spannende Wahrheit erfährt, einer weiteren Person davon erzählen müssen. Nur einer einzigen. Sie kann der Versuchung einfach nicht widerstehen. Diese Person wird natürlich ihrerseits eine andere informieren müssen. Nach dieser Rechnung weiß bald die ganze Stadt Bescheid.

In nicht allzu ferner Zukunft sollte ich Leuten die Wahrheit impulsiv, ja übereilt ins Gesicht sagen. Ich wurde zunehmend empfindlicher. Tief in meinem Inneren forderte ich die Menschen in meinem Leben stillschweigend heraus, mir den Rücken zu kehren. Joyce war schon auf der Flucht zu einer anderen Station ihres Lebens. Es war keine einfache Situation.

Andere erfuhren die Wahrheit auf mysteriösen Wegen. Als ich, dem Wunsch meines Vaters zuwiderhandelnd, Andy, meinem Freund aus Kindertagen, von meiner Krankheit erzählte, ließ er mich kurze Zeit später wissen, seine Mutter sei bereits über meine Gesundheitsprobleme informiert gewesen. Eine weitere Lektion: Es gibt keine Geheimnisse in einer Gemeinschaft, die Anteil nimmt. Wir tun nur so, als ob wir das Exklusivrecht an den Wahrheiten unseres Lebens hätten, um uns einreden zu können, dass wir unser Schicksal selbst in der Hand haben.

Während des Präsidentschaftswahlkampfs 1976 übertrug PBS die Fernsehdebatten zwischen Gerald Ford und Jimmy Carter. Ich fuhr nach Philadelphia, Schauplatz der ersten Konfrontation, um Wähler zu interviewen und eine Vorauswahl möglicher Diskussionsteilnehmer zu treffen, die die Debatten zusammen mit MacNeil und Lehrer ansehen und beurteilen sollten. Ich sprach eine Frau mittleren Alters an, die durch das City-Center im Herzen der historischen Altstadt ging.

Sie entpuppte sich als nette, intelligente Dame mit eigener Meinung, der perfekte Fernsehgast. Ich entschloss mich auf der Stelle, sie zu der Diskussion einzuladen.

»Wie lange würde das dauern?«, fragte sie.

»Oh, das wird den ganzen Abend lang gehen«, antwortete ich, »mindestens drei bis vier Stunden.« Die Frau erstarrte und trat einen Schritt zurück. »Nein«, sagte sie ruhig. Ich sah sie bloß an. »Mein Mann hat Multiple Sklerose«, verriet sie mir. »Ich könnte ihn nie so lange alleine lassen.« Ich erstarrte meinerseits, kniff die Augen zusammen und versuchte, ihr Gesicht klarer zu sehen, auf der Suche nach der tieferen Bedeutung dieses Augenblicks.

Ihre Offenheit verblüffte mich. Eine Frau, die ich nicht kannte, vertraute mir, einem völlig Fremden, eine schmerzliche und sehr intime Wahrheit an. Wie merkwürdig, dachte ich. Warum tat sie das? Ich dachte über die Risiken einer solchen Offenheit nach. Offenbar gab es keine. Sie machte mir diese Mitteilung, als ob es nichts Unnatürliches, sondern vielmehr eine völlige Selbstverständlichkeit sei, die Wahrheit zu sagen.

Diese Erfahrung war wie eine Offenbarung für mich. Ich war nie jemandem außerhalb meiner Familie begegnet, der mit MS lebte, geschweige denn, darüber sprach. Die Frau erzählte mir, dass sie und ihr Mann auf der Suche nach Heilung für die Multiple Sklerose um die ganze Welt gereist seien. Ich hoffe, die MS wird mich nie so beherrschen, dass ich so etwas tue, dachte ich. Doch ihre Offenheit ließ mich nicht unberührt, und ich wusste, dass ich noch viel zu lernen hatte. Ich muss sie wohl auffällig angestarrt haben, denn obwohl das Gespräch beendet war, sah mich die Frau schweigend an und machte keine Anstalten weiterzugehen.

Ich verspürte den Drang, ihr meine geheime Geschichte zu erzählen, sie zu umarmen und ihr zu versichern, dass ich sie verstand. Mein Mund öffnete sich, doch es kam kein Wort heraus. Mein betretenes Schweigen war mir selbst ein Rätsel. Ich fühlte mich schlecht, weil ich nicht auf diesen Menschen zugehen konnte, nicht zu einer großzügigen Geste an dieser belebten Straßenecke fähig war. Ich lächelte schwach mit verkrampftem Kiefer. Es war alles, was ich tun konnte.

Mein Geheimnis blieb gewahrt.

Doch ich befand mich in einem Übergangsstadium, in dem die Frage der Ehrlichkeit nur ein Teil des Puzzles war, das immer noch auf dem Tisch ausgebreitet lag. Wichtiger noch war mein Streben nach Kontrolle und Selbstvertrauen. Meine Leistungsfähigkeit war beeinträchtigt, und ich sehnte mich danach, mich wieder stark zu fühlen. Meine Augen waren zu meinem größten Problem und zum schwerwiegendsten Symbol der Schwäche in meinem Leben geworden.

In den turbulenten Monaten nach dem neuerlichen Verlust an Sehvermögen lief ein eindringlicher Traum in meinem inneren Kino. Bis heute läuft dieser Film so oder in Variationen mit einer gewissen Regelmäßigkeit immer wieder ab. Ich fahre darin Auto, kutschiere über eine alte, kurvenreiche Straße den Hudson entlang. Ich nehme alle Farben übersteigert wahr, den blauen Himmel, die grünen Bäume, die bunten Blumen, die in der Realität meiner Augen verblasst sind.

Während ich fahre, kommt Nebel auf, der rasch immer dichter um mich wogt. Bald kann ich die Straße vor mir nicht mehr sehen. Ich entscheide mich fürs Gaspedal statt für die Bremse, beschleunige auf ein gefährliches Tempo. In der Überzeugung, dass ich aus diesem Nebel herausfahren kann, der mich blind macht, steigere ich meine Geschwindigkeit immer mehr, bis der Traum ereignislos zu Ende geht.

Mein Kopf und meine Hoffnungen versprachen mir, dass ich wieder klar sehen würde. Doch das sollte nicht sein. Ich würde die Kontrolle über mein Leben auf andere Weise wiedererlangen und die Frage meiner Sehkraft auf sich beruhen lassen müssen. Die Hoffnung, Ehrlichkeit und Erfolg in meinem Leben zu vereinen, Hand in Hand, wie Yin und Yang, schien damals reine Fantasie. Ehrlichkeit und Karriere waren Rivalen, wenn nicht Feinde, und ich sah einen langen Krieg voraus.

KAPITEL 5

Im Wettlauf mit der MS

Die harte Nachrichtenbranche war der Bereich, in dem am meisten los war und in den praktisch jeder junge Fernsehjournalist hineinwollte. Die Abendnachrichten waren eine Arena, zu der ich noch keinen Zugang gefunden hatte. Meine Gesundheitsprobleme und meine eingeschränkte Sehkraft schraubten meine Erwartungen herunter und rückten die romantische Welt der Abendnachrichten in weite Ferne. Die Nachrichtenleute um den berühmten Walter Cronkite, die ich seit Kindertagen im Fernsehen bewundert hatte, würden für mich wohl ferne Gestalten in der Bildröhre bleiben.

Meine Domäne waren Dokumentationen und Livesendungen. Da ich kein Rezept hatte, um die richtigen Bekanntschaften zu schließen und den Durchbruch in die Tagesnachrichten zu schaffen, wurde ich zunehmend zum Werkzeug von PBS. Im Frühjahr 1979 saß ich in meinem Büro bei WNET, dem öffentlichen New Yorker Fernsehsender, und las eine Nachrichtenmeldung in *Variety*.

Der kurze Artikel verkündete, die CBS News hätten einen »Rekrutierungsdirektor« ernannt, ein Titel, den ich bis zu diesem Zeitpunkt eher mit einem Football-Team als mit den Fernsehnachrichten in Verbindung gebracht hätte. Impulsiv steckte ich ein Blatt Papier in die Schreibmaschine und schrieb diesem Fremden einen kurzen Brief. Ich schrieb, etwas affektiert: »Ich weiß nicht, für was Sie rekrutieren, aber wenn es nicht die Armee ist, bin ich dabei.« Die Bewerbung war albern. Ich bekam keine Antwort darauf, und das Ganze war mir etwas peinlich.

Es war Sommer geworden, und ich dachte kaum noch an CBS News. Als sich der mysteriöse Mann schließlich doch bei mir meldete, war ich geradezu geschockt, von ihm zu hören. Er war barsch und versprach mir nichts. Er erklärte mir in brummigem Ton, er hätte Erkundigungen über mich eingezogen, dann schickte er mich zu Treffen mit verschiedenen Rundfunkproduzenten und schließlich in die Zentrale zu den Typen im weißen Hemd.

»Blamieren Sie mich nicht«, knurrte mein neuer Gönner. »Sie sind mein erster Kandidat.«

Ich machte die Runde bei CBS; niemand stellte auch nur eine einzige persönliche Frage, und ich gab von mir aus keine persönlichen Informationen preis. Gegen Ende des Sommers wurde mir ein Job als Produzent bei den *CBS Evening News with Walter Cronkite* angeboten. Als der Anruf kam, war ich im siebten Himmel angesichts der Chance, die ich außerhalb meiner Reichweite geglaubt hatte. Es waren ein Vertrag auszuhandeln, einige Routinedokumente zu unterschreiben und, oh ja, die betriebsärztliche Untersuchung in der CBS-Konzernzentrale in New York durchzustehen, einem mit schwarzen Steinplatten verkleideten Gebäude, das im Volksmund Blackrock hieß.

Eine ärztliche Untersuchung? Das war ein Blitzschlag aus heiterem Himmel. Augenblicklich wurde mir klar, dass mir wiederum schwierige Entscheidungen über Wahrheit und Gesundheit und Selbstschutz durch Schweigen bevorstanden. Mein Dilemma passte gut in den Verfolgungswahn, der nur zu oft mit Krankheit einhergeht. Die Welt war nicht gegen mich. Es fühlte sich nur so an. Ich war hin- und hergerissen zwischen Erfolgsstrategie und einem Gewissenskonflikt, der mich zum Verlierer stempeln konnte. Ich rief meinen Freund Robert MacNeil an. »Robin, ich weiß nicht, was ich tun soll«, lamentierte ich. »Meinst du, ich sollte ihnen alles sagen?«

Er zögerte. »Nein, das meine ich nicht. Sag nichts«, riet mir MacNeil. »Dein Schweigen«, sagte er, »ist eine ehrenhafte Unehrlichkeit.«

Endlich hatte mir ein Mensch, den ich sehr respektierte, die Erlaubnis zum Lügen gegeben. (Jahre später sagte mir Sanford Socolow, Cronkites leitender Produzent, ich hätte das Richtige getan. »Ich bin nicht stolz, das zu sagen«, bemerkte er ruhig, »aber ich glaube nicht, dass ich dich eingestellt hätte, wenn ich es gewusst hätte.«)

Ich fühlte mich schmutzig, aber nicht allzu schmutzig. So vieles von dem, was ich über den Journalismus gelernt hatte, hatte mit grundlegender Ehrlichkeit und schonungsloser Aufdeckung zu tun. Und doch war ich soeben dabei, als Auftakt meiner Beziehung zu einer Institution, die auf Ehrlichkeit aufbaute, eine Unehrlichkeit zu begehen. Eine schöne Bescherung.

Die betriebsärztliche Untersuchung war das Einzige, was jetzt noch zwischen den Cronkite-Nachrichten und mir stand. Solche Untersuchungen sind nicht unbedingt für ihre Gründlichkeit bekannt, und ich nahm an, dass ich mich vermutlich durch diese Nervenprobe hindurchbluffen könnte. Am meisten Sorge machte mir der Sehtest, aber ich hatte einen Plan. Mein rechtes Auge war wesentlich stärker geschädigt als das linke – auf dem ein Teil der Sehkraft mit der Zeit zurückgekehrt war –, also würde ich das linke Auge zweimal testen lassen. »Jetzt halten Sie Ihr linkes Auge zu«, wies mich die Krankenschwester an. »Das hab ich doch gerade schon getan«, antwortete ich zuckersüß. »Mein Fehler«, erwiderte sie mit einem Lächeln. »Dann halten Sie Ihr rechtes Auge zu«. Den Gefallen tat ich ihr gern.

Ich bestand die betriebsärztliche Untersuchung.

Meine Bemühungen, bei CBS zu landen, hatten mich so auf Trab gehalten, dass ich kaum einen Gedanken daran verschwendete, wie ich meine Aufgaben und die vielen körperlichen Herausforderungen bewältigen würde, wenn ich es erst mal geschafft hätte. Jetzt brauchte ich nur noch in meinem neuen Job zu brillieren, obwohl ich im Bereich der Tagesnachrichten keinerlei Erfahrung hatte. Und ich musste besser sein als jeder erfahrene, gesunde Produzent in dem Job. Das dachte ich jedenfalls. Wenn meine neuen Chefs bei CBS News die Wahrheit über mich erfuhren – und das würden sie –, fürchtete ich, an anderen Maßstäben gemessen zu werden als meine Kollegen. Ich hatte sie getäuscht, um die begehrte Stellung zu ergattern. Das würde ihnen kaum gefallen. Unsere Gesellschaft schätzt, ja verherrlicht körperliche Vollkommenheit, und wendet sich vom Anblick der Versehrten ab. Ich war zappelig und im Geiste schon dabei, meinen Arsch zu retten. Ich stand unter hohem, von mir selbst erzeugtem Druck.

Gefeiert wurde nur wenig und kurz. Viel Arbeit stand an. Meine Zeit gehörte jetzt ihr. Mit meinem übrigen Leben gab es keine Konflikte.

Die fünfjährige Ehe mit meiner Jugendfreundin hatte einige Jahre zuvor ein friedliches Ende gefunden. Kein Stoff für Schlagzeilen. Unterschiedliche Erwartungen und die Tatsachen des Lebens hatten uns in unterschiedliche Richtungen geführt. Ich wollte Kinder. Joyce sagte, sie wolle keine. Es sollte nicht sein. Die Sache hinterließ wenig Narben. Ein Fehler und zwei Fahnenflüchtige.

Die CBS News waren nervenaufreibend und großartig zugleich. Ich arbeitete eng mit vielen Korrespondenten zusammen, die ich seit meiner frühen Jugend im Fernsehen gesehen hatte. Cronkite und Collingwood, Moyers und Mudd waren meine Idole. Die Arbeit war anregend, und niemand ahnte etwas von meinem Geheimnis. Ich begann zu bezweifeln, ob das Geheimnis überhaupt existierte, immer schnell mit der Verleugnung bei der Hand.

Ich war Produzent bei den *CBS Evening News with Walter Cronkite*, und meine Position machte mich stark genug, alles andere zu vergessen. Anfänglich schickten meine Chefs mich nicht zu Reportagen raus, sondern ließen mir Zeit, mich in der Nachrichtenredaktion und im Schneideraum einzuarbeiten. Die Produzenten der Abendnachrichten waren eine verschworene Gruppe. Die Kollegen erklärten mir, dass sie eine Story meist zuerst vor Ort recherchierten, ein Auto mieteten und die Lage erkundeten, bevor das Kamerateam oder der Korrespondent eintrafen. Ein Auto zu mieten, würde ein Problem werden, es zu fahren eine Katastrophe. Ich hatte nicht einmal einen Führerschein, schon seit Jahren nicht mehr. Ich wusste, dass das früher oder später Probleme geben würde. Die logistische Planung war mein heimlicher Albtraum. Ich war ständig mit Vorausplanungen beschäftigt, immer in Panik.

Ich hatte die Vorstellung, mich in meinem Leben bei CBS News mit allen anderen messen zu müssen. Sie kamen so großspurig daher und schienen ihre Jobs so mühelos zu erledigen, dass ich mich bedroht fühlte, was merkwürdig war, weil ich meine Kollegen gern mochte. Sie waren meine neuen Freunde. Sie waren meine Feinde. Sie durften es nicht erfahren.

Schließlich sagte ich meinem Boss die Wahrheit. Ich tat es, als ich mich sicher fühlte und die Vertuscherei satt hatte. Ich konnte es nicht riskieren, dass sie die Wahrheit von jemand anderem als mir erfuhren. Die Reaktionen waren heftig: Erst Schock, dann gedämpftes Unbehagen in der Führungsetage und verkrampfte Unsicherheit, was sie sagen oder tun sollten. Die Zentrale wusste natürlich nichts über die Krankheit oder was sie bedeuten konnte, und so rangen sie sich schließlich zur Tatenlosigkeit durch und ignorierten die Neuigkeit einfach.

Später erfuhr ich, dass das Thema in der Zentrale unter dem Gesichtspunkt der Unternehmenshaftpflicht diskutiert worden war. Meine Sorge war eher, dass mein Chef mich jetzt als Belastung sehen würde. Doch die Sache ging im allgemeinen Nebel und Hintergrundrauschen der Nachrichtenredaktion unter. Die meisten meiner Kollegen bekamen gar nichts davon mit. »Warum mussten Sie uns das überhaupt erzählen?«, war die unausgesprochene Reaktion. Ich hatte mich endlich meiner Pflicht entledigt.

Wenn ich mich auch nicht mehr vor der Wahrheit fürchtete, so hätte ich mich doch vor dem Gehalt dieser Wahrheit fürchten sollen. Meine Krankheit war eine in mir tickende Zeitbombe. Ich war zu sehr damit beschäftigt gewesen, ihre Existenz zu verbergen, um mich mit ihren möglichen Auswirkungen zu befassen. Nach offiziellen Maßstäben war ich jetzt schon so gut wie blind. Und obwohl es mir ansonsten gesundheitlich noch gut ging, wusste ich, dass die Multiple Sklerose nicht lange stillsteht. Der gesunde Menschenverstand sagte mir, dass sich meine Gesundheit und mein Glück früher oder später zum Schlechteren wenden könnten.

Aber jetzt noch nicht. Noch schien Zeit zu sein. Ich spurtete weiter und redete mir ein, dass ich der Krankheit davonlaufen könnte. Ich hatte in diesen ersten paar Jahren bei den Abendnachrichten mein Soll erfüllt. Meine Spezialität waren die Drecksarbeiten. Ich war für die Wirtschaftsnachrichten zuständig, das Pendant zur Zwangsarbeit unter Tage. Ich schnitt

Bilder für die Berichte anderer und eignete mir dabei die benötigten technischen Fertigkeiten an. Ich bearbeitete Brände und Überschwemmungen, Explosionen und andere Katastrophen, die Bildergeschichten, die das tägliche Brot der Fernsehnachrichten sind.

Und dann wurde Dan Rather Nachrichtenmoderator, und mein Leben änderte sich. Ich war Dans Produzent und Freund geworden. Chancen begannen sich zu bieten, und ich war bereit für sie. Ich erreichte den Gipfel meiner Verleugnung. Dan hatte den Thron mit seiner enormen Machtfülle bestiegen, und ich war sein Vertrauter. Dieser Status war eine Bestätigung für mich, nicht so sehr wegen der damit verbundenen Macht, sondern wegen des Werts, den andere meiner Arbeit beizumessen schienen. Mein Gefühl vorläufiger Unverwundbarkeit wurde durch das langsame Fortschreiten der MS nicht infrage gestellt. Meine Schwingen waren weit ausgebreitet.

Meine erste Überseereportage gab mir die Chance, über wichtige, hochaktuelle Entwicklungen zu berichten. Die aufstrebende Gewerkschaftsbewegung Solidarność war auf allen Titelseiten, und die Welt blickte auf Polen. Die Reise ging in ein kommunistisches Land, das mit sich selbst im Krieg lag. Journalisten wurden in Warschau beschattet und schikaniert. Ich konnte immer noch nicht bis zur anderen Straßenseite sehen und bemerkte eine zunehmende Schwächung meiner rechten Körperhälfte. Aber ich steckte mitten in meiner neuen Kontraphobie, dem Zwang, immer genau das zu tun, was mir am meisten Angst machte.

Das Visum kam. Ich griff mir meinen Pass, deckte mich gönnerhaft mit Schokolade und Nylonstrümpfen für die Einheimischen ein und machte mich auf den Weg nach Polen. Mein Job bekam für mich einen neuen Sinn. Mit den Besten zusammenzuarbeiten, war mir nicht nur eine Ehre, sondern gab mir auch das Gefühl, ein vollwertiger Mensch zu sein, so wie sie. Keine der Menschheit bekannte Krankheit würde mich aufhalten.

Der Nachtflug landete am Nachmittag des folgenden Tages in Warschau. Ich nahm nervös meine Papiere zur Hand und stellte mich an eine Schlange an. Ich lernte bald, dass sich die Polen grundsätzlich an jede Schlange anstellten, an der sie vorbeikamen. Die frühen Achtziger waren eine Zeit allgemeiner Knappheit, und jeder reihte sich zunächst einmal in die Schlange ein, bevor er sich erkundigte, wonach man hier anstand.

Ein elegant gekleideter Gentleman nahm mich sanft am Arm und sagte in abgehacktem britischem Tonfall: »Richard, komm mit mir.« Das war Teddy, der mein Freund wurde – und es bis zu seinem Krebstod sechs Jahre später blieb. Teddy, als Mitglied der polnischen Königsfamilie zur Welt gekommen, war in England zur Schule gegangen und im Zweiten Weltkrieg für die Royal Air Force geflogen. Bei seiner Rückkehr nach Warschau wurde er von der neuen kommunistischen Regierung umgehend inhaftiert. Teddy, eine Art Mittelsmann und Organisator für CBS News, war ein Überlebenskünstler.

Ich habe ihm mein Geheimnis nie verraten, aber ich lauschte seinen Geschichten von Intrigen und Überlebenskünsten mit großer Aufmerksamkeit. Teddy redete von der Notwendigkeit persönlicher Stärke, und ich hörte gut zu. Teddy kannte jeden in der kommunistischen Partei. Trotzdem wurde er beschattet und schikaniert, manchmal sogar festgenommen. Seine persönliche Stärke und Entschlossenheit, sich nicht unterkriegen zu lassen, waren mir eine Inspiration und ließen mich meine Probleme aus einem neuen Blickwinkel sehen. Seine Lebensgeschichte war eine unaufdringliche Lektion darin, wie man harte Schläge einsteckt und trotzdem weitermacht. Dass Teddy wenige Jahre vor dem Sturz des Kommunismus in diesem Land der Überlebenskünstler starb, empfand ich als eine schreiende Ungerechtigkeit.

An jenem Herbsttag im Jahre 1981 lotste mich Teddy durch Seitentüren und an Kontrollpunkten vorbei und ließ im Vorbeihasten meinen Pass abstempeln. Wir fuhren zum Büro der CBS News, wo eine Flasche Wodka auf den Tisch kam. Wir brachten ein paar Toasts aus und tranken mehr als nur ein paar Schluck Wodka. Teddy legte seinen Finger an die Lippen und sagte: »Wir reden später«, dann machten wir uns auf den Weg zurück zum Flughafen, um den kurzen Flug nach Danzig zu nehmen. Als wir über die Rollbahn des Warschauer Flughafens auf die Einstiegstreppe des Flugzeugs zugingen, wandte sich Teddy zu mir um und sagte: »Niemals in Innenräumen reden. Die Wände können dich hören. Und die Regierung auch.«

Wir waren auf der Straße nach Danzig, einer gewundenen, zweispurigen Landstraße. Wir kamen um eine Kurve. Vor uns erhoben sich die Türme der berühmten Lenin-Werft aus dem Nebel. Als wir näher kamen, sahen wir die Graffiti auf den Mauern rund um die Werft. »Was steht da?«, fragte ich Teddy. »Da steht, dass Radio und Fernsehen lügen«, antwortete er. »Radio und Fernsehen sollten für das Volk sprechen.« Wir sahen schweigend zu, wie eine junge Mutter einen Kinderwagen an den Graffiti vorbeischob, ohne sie eines Blickes zu würdigen.

Hier war es, das Zentrum des Universums. Ich konnte die Szene wegen des Nebels in der Luft und in meinen Augen nicht klar sehen, aber ich wusste, was es war: Ein Titelfoto von der Art, wie ich es so oft auf der *New York Times* gesehen hatte. Bilder, die belegten, dass hier Geschichte gemacht wurde, der Grund, weshalb ich nach Polen gekommen war.

Hier fühlte ich mich in meinem Element. Ich lag nicht mit dem Kommunismus, sondern mit mir selbst im Krieg. Ich wollte so viel wie möglich von der Welt sehen, solange ich überhaupt noch etwas sehen konnte. Mein Neuro-Ophthalmologe hatte mir mehrfach gesagt, die Chancen ständen jederzeit fifty-fifty, dass meine Augen sich weiter verschlechterten. Ich stand bereits am Abgrund, aber ich sah, was gesehen werden musste. Ich stürzte mich kopfüber in meine Überseeabenteuer. Ich verlangte mir selbst viel ab und wurde schon bald immer tollkühner.

Sechs Monate, nachdem ich Polen verlassen hatte, ging es nach Beirut. Es war meine zweite Reise in den Nahen Osten; das erste Mal war ich wenige Wochen nach meiner Rückkehr aus Polen dort gewesen. Jetzt griff Israels 1982 ausgebrochener Krieg mit der PLO auf den Südlibanon und zur allgemeinen Überraschung auf die Außenbezirke von Beirut über.

Mein Freund und Kollege Freddie, ein puerto-ricanischer MAZ-Editor, stand mit mir in der Schlange vor dem TWA-Eincheckschalter am internationalen JFK-Flughafen von New York. Die Schlange war lang und die Stimmung gereizt. Ich stand da und umklammerte mein zerfleddertes Exemplar von *Alexis Sorbas*, das ich gerade mal wieder las. Ich erzählte Freddie von Sorbas, dem einfachen Arbeiter, der meinte, wir müssten alle wagen, zu leben. Ein Mann mit dunklem Teint betrachtete unsere Ausrüstungskoffer und bemerkte die CBS-News-Aufkleber. »Wohin fliegen Sie?«, fragte er mit heiserer Stimme. »Nach Beirut«, sagte mein Reisegefährte achselzuckend. »Viel Glück«, sagte der Mann, während er sich abwandte. Es verging ein Moment, bis der Groschen bei mir fiel. »Das war Anthony Quinn«, stieß ich hervor. »Warte hier!«, rief ich, als ich zur fruchtlosen Suche in dem überfüllten Terminal loshetzte.

Es war ein Zeichen. Sorbas riet uns, loszulassen und zu leben. »Dazu braucht es ein bisschen Verrücktheit«, sagte der Grieche, weil man sonst niemals wage, die Leine abzuschneiden und frei zu sein. Ja. Die Leine abschneiden, das war genau das, was ich tat. Mich ins Leben stürzen. Wie lange würde ich noch laufen und lachen und in die Ferne fliegen können? Gedanken um das Abschneiden der Leine umtanzten mich während des Flugs. Der Ratschlag des Autors traf auch auf meinen eigentlichen Auftrag in Übersee zu: Das Leben so zu leben, als ob es kein Morgen gäbe. (Meine Mutter ihrerseits würde natürlich fragen, ob es für einen Erwachsenen eine angemessene Lebensweise ist, tollkühne Risiken einzugehen, nur um sich etwas zu beweisen. Wahrscheinlich nicht, wäre meine betretene Antwort.)

In Beirut schloss ich mich einer Gruppe von Journalisten an, die mit der israelischen Armee nordwärts die Mittelmeerküste entlang in den Libanon fuhren. Wir saßen ganz still, die Augen weit aufgerissen. Mein Gott, das ist real, dachte ich. In dem Moment erschienen mir meine körperlichen Probleme nebensächlich.

Wir fuhren an den Wracks syrischer Panzer vorbei. Überall lagen tote PLO-Kämpfer, ihre Waffen und scharfe Munition um sie verstreut. Die Kämpfe gingen um uns herum weiter, als wir Kurs auf das die Stadt umgebende Shuf-Gebirge nahmen. Das Gefühl der Gefahr war überwältigend. In letzter Minute hatte man mich darauf hingewiesen, dass die Überquerung der Grünen Linie, die den moslemischen Westen Beiruts vom christlichen Osten trennte, für mich gefährlich sei, weil ich Jude bin und diese Kriegszone ein rechtsfreier Raum sei. Viele der moslemischen Kämpfer, einschließlich der PLO-Leute, waren halbe Kinder mit riesigen Automatikgewehren. Ich fuhr mal hierhin, mal dorthin, und die Übergänge waren eindeutig der gefährlichste Teil des Aufenthalts. Mit Angst zu leben, war für mich nichts Neues, aber dies war ein anderer Angstpegel. Ich dachte überhaupt nicht mehr an meine körperlichen Probleme, solange ich im Nahen Osten war. Ich hatte über Wichtigeres nachzudenken. Zum Beispiel darüber, ob ich den nächsten Tag noch erleben würde.

Ich lernte viel über mich selbst in diesem schweißtreibenden Sommer. Winston Churchill, der gegen Ende des vorletzten Jahrhunderts als Korrespondent aus Südafrika über den Burenkrieg berichtete, schrieb: »Nichts wirkt so erhebend, wie beschossen und nicht getroffen zu werden.« Das trifft es genau. Ich war geradezu schockiert darüber, wie sehr mir diese Arbeit lag. Eine leise Stimme in meinem Inneren flüsterte mir ein, wenn ich den Libanon überleben könne, könnte ich auch mit der MS fertig werden.

Meine beeinträchtigte Sehkraft brachte mich oft in Gefahr. Im Hochgefühl meiner Mission wandelte ich zu dicht am Abgrund und konnte ihn nicht einmal sehen. An einem heißen Nachmittag wurden mein Kamerateam und ich auf der Corniche, der Strandpromenade von Beirut, angehalten. Die von Bäumen gesäumte Straße lag gegenüber der alten US-Botschaft, die ein Jahr später einer Autobombe zum Opfer fallen sollte. Eine PLO-Patrouille kontrollierte uns und verkündete, unsere Papiere seien nicht in Ordnung.

Ich überquerte die Straße, um mit ihrem Anführer zu reden, wobei ich mir der Tatsache bewusst war, dass es sich hier um zornige junge Männer mit großen Gewehren und niedriger Hemmschwelle handelte. Das Gespräch wurde hitzig, und man winkte mich zurück über die Straße. Mein britisches Kamerateam sah mich fassungslos an und fragte mich, wie ich so laut brüllen könnte, obwohl Gewehrläufe auf meinen Kopf gerichtet waren. »Gewehre?«, fragte ich, »was für Gewehre?« Ich war völlig außer Kontrolle, womit ich letztlich nichts weiter bewies als mein übersteigertes Bedürfnis, mich wie ein unbesonnener Junge aufzuführen. Immer weitermachen, immer in Bewegung bleiben. Es bleibt später noch viel Zeit zum Ausruhen.

Für mich symbolisierte meine Bewährung als Journalist in der wichtigen Arena der Berichterstattung aus Krisenregionen Stärke. Das aufrechte Streben nach Wahrheit in einer ungerechten Welt, die Fähigkeit, Ozeane zu überbrücken und den Menschen zu zeigen, was wirklich vor sich ging, das alles wirkte erhebend und wog die körperliche Schwäche auf, die ich erduldete. Ich tat das, wofür ich geschaffen war. Es stand in meiner Macht, auf meine Weise zu leben, zumindest für diesen Augenblick. Ich schlug dem Sensenmann ein Schnippchen.

Monate später, auf der schwierigen Fahrt südwärts am Mittelmeer entlang zurück nach Israel, hielten wir bei Beaufort, einer alten Kreuzritterfestung, die die israelische Armee kurz zuvor in einer blutigen Schlacht von der PLO zurückerobert hatte. Wir gingen bis an den Rand eines hohen Felsvorsprungs, von dem wir auf die Mäander des Litani herabsahen, 40 Kilometer nördlich der libanesischen Grenze. Links blickte man auf die syrischen Golan-Höhen, rechts aufs Meer. Vor uns lag der Patchwork-Teppich der israelischen Kibbuzim.

Ich stand einen Augenblick mit hochgereckten Armen in der warmen Sonne. Ich war trunken vor Glück, als ich begriff, dass ich die lange beschwerliche Reise überstanden hatte. Ich fühlte mich, als ob ich fliegen könnte, allen Widrigkeiten widerstehen, und berauschte mich an meinem Leben.

Im nächsten Winter war ich zurück in Beirut, um über die Brutalitäten der israelischen Besetzung zu berichten. Es lag

Schnee im Shuf-Gebirge, und wir waren allen Parteien unerwünscht. Ich hatte zunehmend Probleme mit meinem rechten Bein. Eines Nachmittags fiel ich an einem von UN-Truppen bemannten Kontrollpunkt plötzlich hin. Sofort richteten sich Automatikwaffen unterschiedlicher Fabrikate in verschiedenen Händen auf mich. Der Zwischenfall brachte mich erstmals auf den Gedanken, dass ich vielleicht aufhören sollte, solange es am schönsten war.

Doch ein Jahr später ignorierte ich meine Instinkte und brach nach Zentralamerika auf, um über den Krieg in El Salvador zu berichten. Inzwischen hinkte ich leicht. Ich wusste, dass ein Leben in Salvador nicht viel wert war. Ich hielt von der Regierung genauso wenig wie von den Rebellen. Im Nahen Osten schienen die Kugeln nicht für uns bestimmt zu sein. Hier schoss man erst und stellte hinterher Fragen.

Mit meinem übersteigerten Geltungsdrang gab ich ein besonders gutes Ziel ab. Während ich im Schmelztiegel des Nahen Ostens die Gefahr verspottet hatte, war ich jetzt stocksauer, in der Kloschüssel von Salvador gelandet zu sein. Das Risiko war hoch und schien die Sache nicht wert. Für wen würde ich hier sterben? Dies war Dan Rathers Schlacht im Krieg um Einschaltquoten. Wir waren bloß einfache Soldaten. John Blackstone, ein Korrespondent aus San Francisco, und ich hatten gemeinsam Beirut überlebt. Jetzt fanden wir uns im hügeligen Hinterland von Stränden wieder, die schwarz waren von der Vulkanasche vieler Jahrhunderte.

Eine Straße war durch die marxistischen Rebellen teilweise zerstört worden, und wir mussten ein Stück auf den Eisenbahnschienen fahren. Wir kamen mit unserem Team in ein kleines Dorf, und plötzlich ging die Schießerei los. Wir waren definitiv zur falschen Zeit am falschen Ort. John und ich wurden von unserem Team getrennt und hörten die Kugeln über unsere Köpfe hinwegpfeifen. John brüllte mir zu, wir sollten uns unter ein Auto werfen. Mein rechtes Bein gab nach, als ich ihm folgen wollte. Ich fiel zu Boden und rollte unter das Heck des Fahrzeugs. Kugeln und Querschläger zischten uns um die Ohren. »Was zum Teufel machen wir in dieser Scheißgegend?«, schrie ich, wobei ich passenderweise vergaß, dass ich mich freiwillig für diesen Auftrag gemeldet hatte. Mein Drang, tollkühn zu sein, hatte mich in diese Klemme gebracht. So viel war mir klar.

Aber das, was ich tat, verschaffte mir Bestätigung als Angehöriger des männlichen Geschlechts. Meine Krankheit sollte mich um keine Erfahrung bringen, die ich machen wollte, und meine Männlichkeit nicht noch mehr beeinträchtigen, als sie es schon getan hatte. Aus Kriegsgebieten zu berichten und sich beschießen zu lassen, ist männlich. Oder nicht? Und so begab ich mich in diese Drecklöcher der Geschichte, wo ich in aberwitzig gefährliche Situationen geriet und mich unter geparkte Autos werfen musste, zog Bestätigung daraus, dass auf mich geschossen wurde, hoffentlich ohne Treffer, und das nur, um zu beweisen, dass ich notfalls dafür sterben würde, ein erfüllteres Leben zu leben.

Für mich ergab das einen absoluten, wenn auch beängstigenden Sinn. Mein Leben aufs Spiel zu setzen, diente meiner Verleugnung der Krankheit, wenn es sie nicht sogar nährte. Durch die Wüsten des Nahen Ostens zu marschieren oder in Zentralamerika durchs Unterholz zu stolpern, bewies, dass ich den Job machen konnte, was wiederum bedeutete, dass ich völlig fit war. So schlecht konnte es um meine Gesundheit doch gar nicht bestellt sein, wenn ich hier vor den Kugeln in Deckung hechtete. Ich definierte mich durch meine Arbeit, um mich nicht durch meine Krankheit definieren zu lassen.

Was war in mich gefahren? Diese und ähnliche Fragen beschäftigten mich im Herbst 1983. Es muss eine bessere Methode geben, seinen Lebensunterhalt zu verdienen, dachte ich. Ich beschloss, dass ich vom Krieg genug hatte. Ich kehrte heim und hängte meine Blechmarke an die Wand. Ich hatte jetzt genug Haare auf der Brust. Dass andere in der Nachrichtenbranche es sich zur Lebensaufgabe machten, Kugeln auszuweichen, verwirrte mich. Warum bringen sie sich in Gefahr? Und wovor, fragte ich mich, laufen sie davon?

Die Tatsache, dass ich allein auf der Welt war, lastete schwer auf mir. Meine kurze Eheerfahrung nach dem College hatte mich zum überzeugten Single gemacht. Jetzt überdachte ich mein Dasein als Einzelgänger. Es war Zeit, erwachsen zu werden. Man kann nicht ewig wegrennen. Ja, ich war allein. Und einsam.

KAPITEL 6

Auftritt Meredith

Meinen 35. Geburtstag im Jahr 1983 verbrachte ich allein – es war der Vortag einer weiteren Reise nach Beirut. Wir flogen über Nacht und landeten inmitten eines Schneesturms in diesem beklagenswerten Land. Der Aufenthalt wurde zu einer deprimierenden Erfahrung. Beirut war ein trauriger Ort, und ich war noch trauriger: Ich stand an einem Scheideweg meines Lebens und fühlte mich sehr allein.

Eine innere Leere überkam mich an diesem unglückseligen Ort. Nasser Schnee bedeckte die Berge rund um die Stadt; wir waren von Entbehrungen und Freudlosigkeit umgeben. Menschen leiden zu sehen, war Teil des Jobs für die Söldner der Nachrichtenbranche, die in den letzten Jahren viel Zeit als Augenzeugen dieses blutigen Kriegs verbracht hatten. Ich weiß nicht genau, warum die Dinge auf dieser Reise für mich plötzlich so persönlich und aufrüttelnd wurden, aber an diesem Punkt meines Lebens wurde mir jäh bewusst, dass ich eine einsame Figur abgab. Ich hatte keine Partnerin, keine Kinder. Diese Realität begann an mir zu nagen. Ich kehrte mit einer neuen Mission nach Hause zurück.

Ich kam heim in meine immer gleiche ruhige Wohnung in einem feudalen alten Sandsteinhaus in der Nähe des Riverside Parks. Die Heizung zischte und der Küchenhahn tropfte immer noch, als ich mich stumm auf meine alte Couch plumpsen ließ, froh, wieder zu Hause oder zumindest weit von allen Kampfhandlungen entfernt zu sein. Ich saß tagelang apathisch herum. Ich musste den Klempner anrufen, überfällige Rechnungen bezahlen, mein Leben ändern. Und zwar nicht in dieser Reihenfolge. Klempner und Gläubiger rückten in den Hintergrund. Da war eine vertraute Stimme in meinem Kopf.

Zum ersten Mal hatte ich diese Stimme etwa ein Jahr zuvor, im Frühjahr 1982, vernommen. Ich saß mit einem Kollegen herum und lauschte den nachmittäglichen Tonschaltungen, die in der CBS-News-Zentrale in Manhattan zusammenliefen. Wenn die Videostorys aus aller Welt täglich nach New York überspielt wurden, konnte man den Ton auf Lautsprechern überall in der Redaktion und den Studios hören. Im ruhigen Nachrichtenstudio lauschten wir der warmen, kehligen Stimme einer jungen Frau, die den Kommentar zu einer Reportage lieferte.

»Wessen Stimme ist das?«, fragte ich und setzte mich kerzengerade auf.

»Meredith Vieira«, antwortete mein Kumpel, über meinen plötzlichen Enthusiasmus leicht verblüfft. »Sie ist eine neue Korrespondentin in Chicago«, fuhr er fort.

»Die Frau werde ich heiraten!«, verkündete ich auf der Stelle.

Doch unsere Wege sollten sich erst später im Jahr kreuzen. Es war gegenseitiges Missfallen auf den ersten Blick. Ich war in Chicago, der Stadt der Winde, um über das noch windigere Rennen um den Gouverneursposten von Illinois zu berichten, und traf Meredith in ihrem CBS-Büro an. Sie lag in eine Decke gewickelt auf einer Couch und sah sich Bugs-Bunny-Zeichentrickfilme im Fernsehen an. »Sehr imponierend«, bemerkte ich im Vorübergehen und fügte hinzu: »Ganz die Vollblutjournalistin, was?« Ihren Kraftausdruck will ich hier nicht wiederholen.

Später kam Meredith in meinen Schneideraum gewandert, sah mir kurz bei der Arbeit zu und bemerkte beiläufig, die Story, die ich da produziere, sei voller Fehler und nicht wert, gesendet zu werden. »Wenn sie Leute aus Chicago über die Chicagoer Politik berichten ließen, wäre die Story vielleicht interessanter«, sagte sie.

Ich fand Meredith ausgesprochen attraktiv, und sie hatte eine wunderbar große Klappe, beides überaus erfreuliche Qualitäten, wie ich fand. So begannen ein Flirt und eine Freundschaft. Ich rief Meredith ein paarmal an, nachdem ich aus Beirut zurückgekehrt war, doch erst als sie beruflich nach New York kam, vertiefte sich unsere Beziehung. Unsere gemeinsame Freundin Bonnie, Assistentin bei den Abendnachrichten, machte sich ans Werk und arrangierte eine Verabredung zum Abendessen für uns beide. Den nächsten Tag verbrachten wir damit, durch die Stadt zu bummeln, und aßen dann zusammen zu Abend. Spannung und Misstrauen lagen in der Luft. Wir hatten beide unsere Vergangenheit.

Die Anziehung zwischen Meredith und mir war stark und wurde bald übermächtig. Wir waren beide allein und wünschten uns eine andere Lebenskonstellation. Meredith hatte gerade eine Beziehung hinter sich; ich saß schon länger auf der Tribüne und war bereit, ins Spiel zurückzukehren. Wir waren von ähnlichem Temperament und hatten den gleichen bissigen Humor.

Bald kamen wir zu der alles entscheidenden Bewährungsprobe. Wir sprachen über meine Gesundheit.

Ich schnitt das Thema bei unserer zweiten Verabredung an. Ich hatte inzwischen gelernt, die Zähne zusammenzubeißen und die Sache frühzeitig auf den Tisch zu bringen. Sag die Wahrheit. Bring es hinter dich. Erspar dir das Spektakel. Stell fest, ob die Dame schreiend aus dem Raum läuft. Jeder merkte früher oder später, dass ich nur ein paar Meter weit sehen konnte, also kam die Frage sowieso irgendwann zur Sprache. Eine negative Reaktion ersparte mir zumindest die Kosten fürs Dessert. Solche Szenen hatte ich schon erlebt. Eine Frau, mit der ich verabredet gewesen war, reagierte so, als hätte ich ihr gesagt, ihre Hose hätte Feuer gefangen. Abrupt unterbrach sie ihr amouröses Geplänkel und hielt Ausschau nach dem nächsten Notausgang.

»Was weißt du über Multiple Sklerose?«, fragte ich. Meredith reagierte nicht. »Weißt du, was MS bedeutet?«, fragte ich. »Ja. Das ist eine Zeitschrift, Rich«, antwortete sie. Rich verwandelte sich erst in Richard, als die Sache mit uns ernster wurde. »Besteht irgendeine Chance, dass wir ein ernsthaftes Gespräch darüber führen können?«, beharrte ich. Und das taten wir.

Meredith zuckte nicht zurück und ließ auch kein Unbehagen erkennen. Sie sah mir in die Augen und stellte Fragen, auf die es natürlich keine Antwort gab. Es gab Pausen, in denen sie ins Leere starrte. »Es ist mir egal«, sagte sie schließlich. »Du siehst traurig aus«, fügte sie hinzu, eine Beobachtung, die sie im Laufe der Jahre immer wieder mal machte. Ich glaube, ich war eher müde als traurig und vielleicht auch etwas vorsichtig. Das Thema meiner Krankheit wurde im Verlauf vieler Verabredungen schier endlos diskutiert und zerpflückt. »Was dieses Problem angeht, musst du lernen, mit der Ungewissheit zu leben«, sagte ich. Sie war für klare Linien. Ich aber konnte ihr nur Unklarheiten bieten. Meredith würde auf Klarheit verzichten und mit Unschärfen leben müssen, um mit mir zusammen zu sein.

Alles, was ich sagen konnte, wurde mit der Zeit gesagt, aber was konnte ich schon sagen? Von meiner schweren Sehbehinderung abgesehen, hatte die volle Wucht des Sturms noch nicht zugeschlagen. Wir sprachen über mögliche Auswirkungen, das, was in Zukunft noch passieren könnte. »Was ist das Schlimmste, was passieren könnte?«, fragte sie einmal. »Die MS könnte mich umbringen.« Meredith machte eine Pause. »O.K., das wird nicht passieren«, erklärte sie. »Was ist das Nächstschlimmste?«

Und so ging es weiter. Endlose hypothetische Möglichkeiten wurden diskutiert. »Könntest du erblinden?«, fragte Meredith. »Ja.« Sie nahm die Antwort mit einem Achselzucken auf. »Glaubst du, du könntest im Rollstuhl landen?« Das gab mir zu denken. »Könnte?«, fragte ich. »Ich denke schon. Ob ich glaube, dass das passieren wird? Ich bezweifle es.«

Meine Großmutter hatte ihr Lebensende im Rollstuhl verbracht. Mein alter Herr stand immer noch auf eigenen Füßen. Ein Jahrzehnt des Umgangs mit der MS hatte mich in meiner Entschlossenheit bestärkt, mir das Gehen nicht nehmen zu lassen. Das war natürlich eine lächerliche Anmaßung, aber sie bewirkte etwas in mir und offenbar konnte ich Meredith damit überzeugen. Diese Gespräche schienen sich immer um irgendein »Was, wenn?« zu drehen. Ich hatte das ungute Gefühl, dass meine Antworten zum einen Ohr hinein-, zum anderen wieder hinausgingen.

Für mich war das alles sehr wichtig. Ich wollte, dass Meredith wusste, worauf sie sich einließ. Das Leben mit mir würde kein Zuckerschlecken sein. Selbst eine rollstuhlfreie Zone bedeutete nicht, dass sonst keine schwer wiegenden Probleme zu erwarten waren. MS ist eine fortschreitende Krankheit. Ich war jetzt schon nach offiziellen Kriterien so gut wie blind und wusste genau, dass der Zusatz »so gut wie« jeden Tag wegfallen konnte.

Es war eine Frage der Ehre, gepaart mit einem Wunsch nach Selbstschutz. Dies war der Moment, das wankelmütige

Herz zu enttarnen. Ich glaubte nicht, dass irgendjemand die menschliche Reaktion auf Belastungen durch reale Probleme wirklich vorhersagen kann. Mir fällt es schon schwer, Pläne für den nächsten Freitagabend zu machen. Und von Meredith erwartete ich, dass sie eine langfristige Zukunft voraussagte. Wir hatten keine festen Pläne. Nur ein paar Gedanken.

Doch hauptsächlich verbrachten Meredith und ich wunderbare Zeiten miteinander, gingen getrennte Wege auf der Suche nach Erfolg und fanden uns wieder zusammen, um ihn zu feiern. Wir lachten viel. Imaginäre Probleme am Horizont ignorierten wir einfach. Wir wussten nicht, was vor uns lag. Das Thema Gesundheit schien unwirklich, weil unsere Beziehung noch zu sehr im Anfangsstadium war, um all diese Möglichkeiten wirklich bedeutsam erscheinen zu lassen. Es war kein Schiffbruch in Sicht. Letztlich ließ sich Meredith auf den Sprung ins Ungewisse ein. »Ich wusste, was ich wollte«, sagte sie später.

Eine stabile, reife Beziehung und eine Familie. Das wollte ich auch. Wir waren beide zu lange mit der Firma verheiratet gewesen. Arbeitgeber lieben dich heiß und innig, wenn es ihnen in den Kram passt, aber sie erwidern deinen Kuss nicht. Wenn dein Job dich flachlegt, wirst du davon nicht schwanger. Wir wussten, dass das Leben mehr zu bieten hatte, als wir bislang bekamen.

Wir wurden ein offizielles CBS-Paar. Unsere Sterne standen gut, wenn auch in unterschiedlichen Sphären. Ich reiste mit Präsident Reagan nach China und leitete nach meiner Rückkehr die Berichterstattung der CBS News über den Präsidentschaftswahlkampf 1984. Meredith zog nach New York, um Korrespondentin bei *West 57th* zu werden, einem neuen CBS-Fernsehmagazin zur Hauptsendezeit. Wir sahen uns nach einer Wohnung für sie um und beschlossen dann, dass meine am geeignetsten sei. Wir tauschten unsere Meinungen aus, konkurrierten aber nie, und wir boten einander Unterstützung und angemessene Kritik.

Meredith und ich waren glücklich. Wir wohnten zusammen in meiner Wohnung (auch wenn sie ständig vergaß, Miete zu bezahlen), reisten zusammen nach Europa und in die Karibik und lachten weiterhin viel miteinander. Wir hatten unsere Höhen und Tiefen. Wir waren verschieden, eine Tatsache, die heute noch so relevant ist wie vor 20 Jahren. Wir gehen ganz unterschiedlich an das Leben heran. Meredith macht sich Gedanken um alles, sie sorgt sich und ist immer auf das Schlimmste gefasst. Ich habe das Gefühl, dass ich das Schlimmste schon gesehen und sogar durchlebt habe.

Meredith tat meine Sorge um ihre Einstellung zu einem Leben mit Multipler Sklerose mit einem Achselzucken ab, und solange keine beiderseitige Entscheidung vorlag, die Hochzeitsglocken zu läuten, schienen diese Sorgen nicht real. Meine Szenarien des schlimmstmöglichen Falls waren müßig. Merediths Einstellung erschien vernünftig, weil nichts auf dem Spiel stand. Ich wusste, dass Meredith von Natur durchaus nicht ruhig und gelassen war: Ihr portugiesisches Erbe und südländisches Blut verleihen ihr ein stürmisches Wesen und gefährliches Temperament. Meredith konnte ohne Vorwarnung wie ein Vulkan explodieren. Aber nachdem ich mich erst mal an das Nitroglyzerin gewöhnt hatte, das in diesem Kühlschrank lagerte, erschütterten mich die gelegentlichen Explosionen nicht mehr so sehr. Ich tat einfach so, als ob ich wieder in Beirut wäre. (Heutzutage geht es ruhiger zu bei uns. Wir werden langsam alt.)

Gefährlicher war da schon die explosive Atmosphäre im Büro. Die Wolkenformationen, die sich da zusammenballten, waren auf dem Radar noch kaum wahrnehmbar, doch sie waren da und zogen in meine Richtung. Ich wurde zunehmend frustriert und wütend, weil ich den Eindruck hatte, dass sich die CBS News Reagans Wahlkampf mehr verpflichtet fühlten als den Zuschauern und Wählern. Das Fernsehen liebte den Präsidenten um der Bilder willen, die das Weiße Haus auf dem Silbertablett lieferte, und die Wahrheit blieb auf der Strecke. Ronald Reagan war ganz klar der Kandidat des Establishments, und wir waren gewissermaßen das Establishment, das ihn unterstützte. Zum ersten Mal seit langer Zeit spürte ich wieder, wie mich MS-Symptome beschlichen. Das war nicht weiter verwunderlich. Die Probleme können durch Stress ausgelöst werden, und ich fühlte mich, als ob ich kurz vor einem Zusammenbruch stände.

Da waren die endlosen Meetings, die Auseinandersetzungen über meinen Widerwillen gegen unsere Art der Berichterstattung. Don Rather war verärgert, weil ich Scherereien machte und Probleme an den Haaren herbeizog. Ich war aufgebracht, weil ich fand, dass er sich vom Firmeninteresse leiten ließ, es dem Publikum recht zu machen.

Meine Gefühle in Bezug auf meinen Körper und meine Arbeit gerieten durcheinander. Ich war zornig und wollte aus der Sache raus. Meredith hatte bei *West 57th* Oberwasser. Ich näherte mich bei CBS einer Talsohle; deshalb ging ich. Die Wahl war vorbei und mein Vertrag abgelaufen. Ich schied im Guten, ohne Groll und ohne die Absicht, je zurückzukehren. Und ohne Plan. Dass ich mich ohne Fahrplan auf den Weg machte, war ein Indikator für meine Frustration. Ich würde es ihnen zeigen. Ich machte mir keine Gedanken um die Zukunft. Ich wollte nur dort weg. Finanziell würde ich schon irgendwie zurechtkommen. Ich hatte Geld gespart. Meredith riet mir, es durchzuziehen, und wir brannten zusammen durch. Nach Guadeloupe. Weiter reichte meine Lebensplanung nicht.

Nach unserer Rückkehr fing ich ein schlechtes Drehbuch an und übernahm Aufträge als freier Produzent. Ich bewarb mich bei der Harvard University und erhielt ein Forschungsstipendium vom Politischen Institut der Kennedy School of Government. Cambridge wurde Schauplatz meines mir selbst auferlegten Semesters der Nabelschau. Im Elfenbeinturm würde ich wieder zu mir finden, mir über Vergangenheit und Zukunft klar werden.

Mein Zorn beunruhigte mich. Jeder in der Branche wusste, wo die Nachrichten hinsteuerten. Mitte der 1980er war die Seriosität, wenn nicht gar die Integrität der Nachrichtenredaktionen längst durch kommerziellen Druck infrage gestellt. Aber ich nahm das alles so persönlich. Ich wollte, dass die Welt nach meinen Vorstellungen funktionierte. Vielleicht rang ich um die Kontrolle, die mir in meinem eigenen Leben entglitt.

Mein Engagement für meine Arbeit schien unverhältnismäßig, verknüpft mit meinem Drang, Unzulänglichkeiten meines Körpers durch hervorragende Arbeitsleistungen auszugleichen. Das bedeutete, Scham durch Stolz zu kompensieren. Nur zu oft betrachtete ich meine körperlichen Mängel als mein eigenes Werk, mein persönliches Scheitern. Als ob die Krankheit eine verdiente Strafe für ein zielloses früheres Leben sei. Das ist natürlich eine Anschuldigung, die man kaum vor Gericht bringen könnte. Aber die MS gab mir das Gefühl, ein minderwertiger Mensch zu sein. Überlebensgroßer Status war mein psychologisches Gegenmittel geworden. Und nun entglitt mir sogar die Perfektion in meiner selbst gewählten Welt, dem Journalismus.

In Harvard nahm ich mein Leben unter die Lupe. Ebenso meine Beziehung zu Meredith. Ich stellte alles infrage, einschließlich unserer Zukunft. Merediths regelmäßige Besuche in Cambridge verliefen nicht immer harmonisch. Wir befanden uns an unterschiedlichen Standorten. Ohne Zweifel mochten wir uns sehr. Aber war es Liebe? Gab es so etwas wie Liebe überhaupt? Mir erschien die Liebe überschätzt, eine Kinoerfindung der 1930er ohne Wertbeständigkeit.

Die vielen Fragen über unsere Zukunft lagen auf dem Tisch. Wir spürten beide, dass der Augenblick der Entscheidung rasch näher rückte. Meine Zeit in Harvard würde bald vorbei sein, und etwas anderes musste das Vakuum ausfüllen. Wir wussten, dass wir beide Familie und Kinder wollten, aber es war nicht klar, ob wir sie miteinander haben sollten.

Ich wollte den Fehler meiner gescheiterten Ehe nicht wiederholen. Damals, in meiner ersten Ehe, schien es, als ob wir uns mit der Zeit immer weiter auseinander entwickelten. Meine Frau und ich hatten nie einen Konsens darüber erreicht, ob wir Kinder wollten oder wie wir unser Leben leben wollten. Die MS-Diagnose war in diesen kurzen Ehejahren erfolgt, aber ich war nicht sicher, inwieweit die Krankheit zu unserer Trennung beigetragen hatte. Ich wusste noch nicht, dass Krankheit die Paarbindung auf die Probe stellt und enorm belastet.

Als ich mich anschickte, Cambridge zu verlassen, erhielt ich ein Angebot, zu CBS News zurückzukehren. Gleichzeitig kam ein anderes Angebot von *Frontline*, einer renommierten, landesweit ausgestrahlten Dokumentationsserie, die vom öffentlichen Fernsehen in Boston für PBS produziert wurde. Jedes der beiden Angebote hatte seinen Reiz. Die Entscheidung, in Massachusetts zu bleiben, hätte sicherlich das Ende meiner Beziehung mit Meredith bedeutet.

Ich ging zurück nach New York. Die Rückkehr fiel mir leicht. Ich wollte erwachsen werden und zur Ruhe kommen. Ich wollte Kinder haben, bevor ich 40 wurde. Das war ein willkürlich gesetzter, aber realer Zielpunkt und nur noch ein paar Jahre entfernt. Und ich brauchte das Sicherheitsnetz einer dauerhaften Beziehung. Vor allem gestand ich mir selbst ein, dass mir Meredith wirklich etwas bedeutete.

Trotzdem war ich immer noch nicht sicher, ob die Ehe ein notwendiger Bestandteil der Gleichung war. Warum konnten wir nicht Kinder bekommen und die Sache mit der Heirat einfach überspringen? Dieser Plan wurde Silvester 1985 an einem Strand bei St. Bart in erheblicher Lautstärke diskutiert. Meredith war entgeistert und beleidigt und lehnte die Idee rundheraus ab, noch bevor ich mit meinem Vortrag fertig war. Sie wirkte sehr verletzt. Also hielt ich einfach den Mund.

Multiple Sklerose und Beziehungen schienen sich nicht gut zu vertragen, zumindest nicht bei mir. Ich war so auf Abwehr eingestellt und haderte so sehr mit der Krankheit, dass ich meine Zweifel und Ängste auf andere projizierte. Je stärker ich mir der tickenden Zeitbombe in meinem Körper bewusst war, desto schroffer wurde mein nervöses Zurückweichen vor der Aussicht auf eine feste Beziehung. Meine Gesundheit war in meinen Beziehungen zu Frauen schon öfter ein Streitpunkt gewesen. »Ich kann damit einfach nicht umgehen«, sagte eine Frau einmal zu mir, stand vom Stuhl auf und ging. Warum sollte ich mir das noch mal antun? Was dieses Thema anging, hatte ich kein großes Vertrauen in die Menschheit.

Meredith reiste nach Bangkok, um über Exilanten aus der Vietnam-Ära zu berichten, und ich blieb in dem Hotelzimmer zurück, das wir bezogen hatten, während meine Wohnung renoviert wurde. Ich war jetzt leitender Produzent bei Rather und in dieser Funktion für die internationalen Nachrichten zuständig. Ich war bis über die Ohren damit beschäftigt, Skripts zu lesen, Anrufe aus dem Ausland entgegenzunehmen, an Meetings teilzunehmen und Storys zu schneiden; es fühlte sich an wie ein 24-Stunden-Job. Meredith war auf dem Weg nach Hause. Und eines Tages, Ende Januar 1986, marschierte ich zu meiner eigenen großen Überraschung geradewegs in ein schickes Juweliergeschäft, wobei mir die Knie nicht so sehr wegen der MS, sondern aus reiner Nervosität zitterten, zögerte kurz, ob ich den Laden ausrauben oder einen Ring kaufen sollte, schluckte dann kräftig und zückte schließlich doch die Brieftasche statt einer Waffe.

Meine Fragen waren nach wie vor ungeklärt und die entscheidende Frage an Meredith noch gar nicht gestellt. Als sie zurückkehrte, gingen wir zum Abendessen in ein schickeres Restaurant als sonst. Wir führten die obligatorische Konversation, die sich alsbald zu einer Meinungsverschiedenheit über irgendeine belanglose CBS-Klatschgeschichte auswuchs. Und dann war es endlich so weit. Ich murmelte irgendetwas darüber, dass Shrimp-Cocktailsauce dicker sei als Wasser. »Ich liebe dich«, sagte ich zu meinem Erstaunen und brachte den Ring zum Vorschein. »Würdest du mich heiraten?«

Meredith war so geschockt, dass sie die Frage bejahte, noch bevor sie wieder zur Besinnung kam. Damit war die Sache ein für alle Mal besiegelt. Trotz aller Steine, über die wir gestolpert, gestrauchelt und gestürzt sind, ist unsere Bindung stark. Sie musste es sein, in mehrfacher Hinsicht, die wir jedoch nicht vorhersehen konnten. An dem Abend übernahm ich die Rechnung. In gewissem Sinne bezahlt Meredith sie seitdem.

Dass wir Kinder haben wollten, stand fest. Es war in gewisser Weise der Grund unseres Zusammenseins. Ungeachtet meiner neurologischen Familiengeschichte ging die Wissenschaft damals noch nicht von einem genetischen Faktor der MS aus. Die Worte meiner Mutter nach meiner Diagnose hallten nur schwach wider. »Ich hätte nie Kinder bekommen, wenn ich gewusst hätte, dass sie MS kriegen«, hatte sie in einer heftigen Gefühlsaufwallung ausgerufen, schockiert über das neuerliche Auftauchen der MS in ihrem Haus. Diese Worte sollte ich in späteren Jahren wieder hören. »Ich hätte nie Kinder bekommen, wenn ich gedacht hätte, sie könnten MS kriegen«, sagte Meredith voller Angst und Frustration, obwohl der Gedanke, diese Frau hätte ohne Kinder leben können, nicht sehr glaubhaft klingt.

Wir wissen noch nicht, wie die genetische Wahrheit lautet, aber trotz all unseres Redens gibt es keine Möglichkeit, sich auf die Krankheit vorzubereiten. Die Schuldgefühle von Eltern, die sich dafür verantwortlich fühlen, Krankheiten weitergegeben zu haben, von denen sie nicht wussten, dass sie sie hatten oder dass sie vererbbar sind, bringen außer seelischer Belastung nichts ein. Sie haben ihre Kinder bekommen, und hier sind wir nun. Wir müssen uns alle daran gewöhnen. Ein schwieriges Leben ist immer noch besser als gar keins.

Das ist der springende Punkt. Indem sie mir sagte, sie hätte auf Kinder verzichtet, wenn sie davon gewusst hätte, stempelte meine Mutter mein Leben unabsichtlich zur Tragödie. Es war nur die Verzweiflung eines Augenblicks, aber sie hätte mir genauso gut sagen können, sie wolle mir die Leiden des Daseins grundsätzlich ersparen. Ich finde, dass ich ein großartiges Leben gehabt habe, und es ist noch nicht vorbei. Ich habe die Welt bereist, darüber berichtet, wie Geschichte gemacht wurde, leidenschaftlich und gut geliebt. Sollte ich mir etwa Leid tun? Ich glaube kaum.

Das Unglück, das die Krankheit mir beschert hat, lässt sich nicht leugnen. Aber man muss die Dinge im richtigen Verhältnis zueinander sehen. Die positiven Seiten meines Lebens machen die negativen mehr als wett. Ich könnte noch glücklicher sein, das ist klar, aber ich bin glücklich. Ob wir uns nun in Verleugnung übten oder auf Ärzte hereinfielen, die keine Ahnung hatten, wovon sie sprachen, die Dinge nahmen einfach ihren Lauf. Der Juni 1986 war eine glückliche Zeit. Wir waren auf dem richtigen Weg, auch wenn wir uns nicht vorstellen konnten, wohin.

Wir feierten eine wunderbare Hochzeit im Garten hinter unserer frisch renovierten Wohnung, von einem alten Freund ausgerichtet, im Beisein von Familie und Kollegen. Die ganze Woche war das Wetter regnerisch gewesen, doch an unserem Hochzeitstag lachte die Sonne vom blauen Junihimmel. Meredith war wunderschön und strahlte übers ganze Gesicht. Sie sah glücklicher aus, als ich sie je gesehen hatte oder in den kommenden Jahren sehen sollte.

Ich glaube nicht, dass Meredith völlig klar war, worauf sie sich einließ. Doch einmal in Bewegung gesetzte Kräfte neigen dazu, in Bewegung zu bleiben, und wir ließen uns von unserem Schwung mitreißen. Meredith trotzte ihrer üblichen Vorsicht. Der Fortgang der Krankheit erwies sich als unerbittlich. Unser gemeinsames Leben hatte etwas Unvermeidliches an sich, wie ein bereits geschriebenes, aber noch nicht gelesenes Drehbuch.

KAPITEL 7

Bewegte Zeiten

Mit meiner Rückkehr zu CBS steuerte ich umgehend auf körperliche Probleme und ein berufliches Fiasko zu. Es hatte sich nichts geändert. Die Atmosphäre war ebenso angespannt wie bei meinem Weggang. Stress kann neurologische Landminen auslösen, und ich kletterte soeben zurück in den Hochdruckkessel. Bei meiner Rückkehr nach New York und zu CBS News war ich in bester körperlicher Verfassung. Ich hatte nur wenige MS-Symptome und fühlte mich gut. Das blieb nur ein, zwei Wochen lang so. Ich war bis zu 16 Kilometer am Tag gelaufen. Jetzt lief ich Spießruten. Mein Gewicht ging runter. Meine Stimmung sollte bald folgen.

Der körperliche Tribut ließ nicht auf sich warten. Als ich am Morgen nach meiner Rückkehr zu den Rather-Nachrichten wach wurde, war meine Stimme heiser und kaum hörbar. Das Sprechen war mühsam, mir zuzuhören noch schlimmer. Diese Stimmschwäche, später als Dystonie diagnostiziert, war vermutlich das Resultat eines mit der MS zusammenhängenden neurologischen Prozesses, der durch Stress ausgelöst wurde. Das behaupteten zumindest die Ärzte. War dies ein Vorbote dessen, was mir bevorstand? Ich wusste es nicht und hatte kein rechtes Zutrauen, dass irgendeiner der Ärzte es wusste.

Wann immer mir ein Neurologe erzählte, dass irgendein neues Problem mit der MS zusammenhängen könnte, griff ich instinktiv nach meiner Brieftasche. Dystones Syndrom ist ein

Sammelbegriff für alles Mögliche, und die Diagnose beruhte auf einer Annahme, die den Mangel an sicherem Wissen dahinter nicht kaschieren konnte. Ein Achselzucken und die Entscheidung, einfach weiterzumachen, war die einzige Reaktion, die mir sinnvoll erschien. Je mehr Fragen ich über meine Stimme stellte, desto stummer wurde der Doktor.

Ich wusste, dass ich zu einer Art wandelndem Rubik-Würfel geworden war, bei dem ein Problem zwangsläufig das nächste nach sich zog – wegen der Belastung, die Multiple Sklerose allen Systemen des Körpers auferlegt. Und neue Symptome waren nur eine Frage der Zeit. Es gab keine Antworten oder Vorhersagen, keine wasserdichte Prognose. Mit den Neurologen zu sprechen, kam mir wie eine Art Pantomime vor, ein Tanz ohne Musik.

Die Multiple Sklerose ist ein rätselhaftes Leiden. Man behandelt die Symptome, ohne die Ursachen richtig zu verstehen. Es gibt keine sicheren Resultate, nur eine Reise ohne Straßenkarte. An religiöser Überzeugung mangelte es mir, aber mein naiver Glaube an meine Fähigkeit, die Oberhand zu behalten, blieb unerschütterlich. Ich würde gewinnen.

Das war 1986. Die Palastgarde bei CBS war ausgetauscht worden – gegen Cowboys mit weißen Hüten, die sich als gut getarnte Bösewichter entpuppten. Es waren Kaufleute, Anzugtypen, die auf überhöhten Gewinnen bestanden, weit über dem, was die meisten Wirtschaftsunternehmen abwarfen. Meine Stimme hatte jetzt einen drohenden Ton, den ich kultivierte und voll und ganz ausspielte. Ich wollte glauben, dass mein Knurren mich als den bedrohlichen Menschen erscheinen ließ, der ich gern sein wollte, einer, der Redaktionsbomben baute und Revolutionen schürte. Ich wurde Teil der Kabale, die die seriösen, harten Nachrichten wieder an ihren rechtmäßigen Platz bringen wollte.

Als ob das irgendjemanden im Amerika jenseits des Hudsons interessiert oder irgendjemand auch nur gemerkt hätte, dass etwas nicht stimmte. Ich weiß heute, dass mein selbstgerechter Eifer eng mit meiner Krankheit zusammenhing. In dem Maße, wie meine körperliche Kraft durch die Multiple Sklerose beeinträchtigt wurde, nahm meine Entschlossenheit zu, eindeutig Position zu beziehen und nachdrücklich zu handeln. Ich wollte meine chronische Krankheit dadurch bewältigen, dass ich meine Arbeitsmuskeln spielen ließ. Ich versuchte, ein unkontrollierbar gewordenes Leben zu kontrollieren, indem ich meinen Einfluss in der Nachrichtenredaktion in die Waagschale warf.

Das ist keine seltene Reaktion. Macht und Einfluss können eine starke Währung sein, die sich das Vertrauen in die Zukunft erkauft. Mein Freund Don leidet an Morbus Crohn, einer chronischen Erkrankung des Verdauungsapparats. Je mehr seine körperlichen Probleme mit den Jahren zunahmen, desto engagierter und härter arbeitete er. Don hat seine leitende Position bei der Nationalen Stiftung für Geisteswissenschaften zum persönlichen Kreuzzug gemacht, was zum großen Teil mit seinen körperlichen Beschwerden zusammenhängt. So wurde auch mein Job zu meinem Kreuzzug.

Bald war ich in Kämpfe um Aufmacher, Budgets und Personalfragen verwickelt. Das Management setzte Hunderte von Mitarbeitern auf Kurzarbeit. In dem Moment erschien mir das Leben meiner Kameraden wichtiger als meine Gesundheit. Ein typisches Verleugnungssymptom. Ich suchte mir einfach Menschen, die größere Probleme hatten als ich, und machte sie zu meinem Problem. Vielleicht musste ich mich aufs moralisch hohe Ross schwingen, damit niemand mein zunehmendes Hinken bemerkte.

Meine Wut auf die Nachrichtenbranche entflammte aufs Neue, und schon Anfang 1987 war mir klar, dass ich nicht in meine alten Jagdgründe hätte zurückkehren dürfen. Im März 1987, nachdem die Gefallenenliste komplett war, verfasste ich einen Artikel für die Meinungsseite der *New York Times* mit dem Titel *Morrow to Mediocrity (Morgen die Mittelmäßigkeit).* Der Artikel beschuldigte den CBS-Vorsitzenden Laurence Tisch, die Nachrichtenabteilung durch seine Entlassungen ausgehöhlt und zur Bedeutungslosigkeit verurteilt zu haben. Dan Rather unterzeichnete den Artikel, obwohl jeder wusste, dass ich ihn geschrieben hatte. Diese Tatsache wurde den Zeitungen zugespielt, um den Nachrichtenmoderator zu blamieren. »Cohen begeht gerade Selbstmord«, sagte ein Vorstandsmitglied damals.

Den Vorstandsvorsitzenden des eigenen Unternehmens öffentlich zu kritisieren, ihm in einer renommierten Zeitung eins überzuziehen, ist kein besonders geschickter Karriereschachzug. Aber mein Ärger über meinen Job war zugleich gut getarnte Wut auf meine Krankheit. Ich schlug in meinem Zorn ziellos um mich, verinnerlichte allen Druck von außen, nahm jeden Verrat persönlich und vermischte das alles mit der Wut auf meinen versagenden Körper.

Das Ende war nah. Der Präsidentschaftswahlkampf 1988 kam in den letzten Monaten des Jahres 1987 allmählich in Fahrt. Ich war dazu auserkoren, die politische Berichterstattung zu managen. Bei einem Frühstück im November diskutierte ich den bevorstehenden Wahlkampf mit Howard Stringer, dem damaligen Präsidenten der CBS News, und sagte ihm, ich würde CBS nach den Wahlen verlassen. Diesmal, so sagte ich, würde es keine Rückfahrkarte geben. Howard nahm mich nicht ernst. »Du wirst nicht gehen, Richard.« Er lachte. »Du wirst nie weggehen.« Er irrte sich. Ich hielt nur knapp bis zum Wahltag durch.

George Herbert Walker Bush war Vizepräsident und wollte Reagans Nachfolger im Oval Office werden. Von der langen Kandidatenliste versprach Bush vor den Parteitagen in Iowa die interessanteste Story – wegen der vielen unbeantworteten Fragen zu seiner Rolle in der umstrittenen Iran-Contra-Affäre. Die *CBS Evening News* porträtierten alle Kandidaten, konzentrierten sich aber vor allem auf Bushs Verwicklung in die Iran-Contra-Sache. In einem der großen Augenblicke des Polittheaters konfrontierten wir den Vizepräsidenten in den Abendnachrichten live mit dieser Frage, zwangen ihn, seine Rolle in dem illegalen Komplott zu rechtfertigen, das antikommunistische Rebellen in Nicaragua mit Geldmitteln aus dem Verkauf von Waffen an den Iran versorgen sollte.

Wir brachten einen sehr kritischen Bericht, der Fragen über Bushs Rolle aufwarf, wie viel er gewusst und welchen Rat er Präsident Reagan gegeben hatte. Auf diese Story folgte ein noch nie da gewesenes Neun-Minuten-Live-Interview, geradezu ein Epos nach den Maßstäben der Abendnachrichten. Das Interview verkam rasch zur Debatte, wenn nicht gar zum Krawall. Der Vizepräsident beschuldigte uns, ihn über das Thema des Berichts falsch informiert zu haben, und unterstellte mir damit Unehrlichkeit. Die Konfrontation löste eine landesweite Debatte über die moralische Korrektheit des Geschehenen aus. Viele Zeitungen und Zeitschriften schienen die Behauptung des Vizepräsidenten, wir hätten ihm eine Falle gestellt, kritiklos zu schlucken. *Time* brachte eine Titelstory über den ihrer Ansicht nach »gescheiterten Hinterhalt«.

Bushs Behauptung war falsch, und ich war in meinem Element: Ich war zornig über Bushs Kampagne, von der Presse enttäuscht und suhlte mich in meiner Opferrolle. Das alles war mir nur zu vertraut. Mein Verhaltensmuster, wütend zu werden, hatte ich über viele Jahre entwickeln können. Ich fand, dass das Bush-Interview journalistisch vertretbar war, und sagte das auch jedem. Ich fand auch, dass Dan Rather in seiner Führung des Interviews Fehler gemacht, eine Grenze überschritten und den Eindruck von Respektlosigkeit einem Mann gegenüber erweckt hatte, den keiner von uns besonders respektierte. Das erwähnte ich auch der Zeitung *Register* gegenüber, die in Des Moines erschien. Mein Selbstzerstörungstrieb zeigte Wirkung. Dan wandte sich gegen mich, und ich verließ CBS bald darauf.

Es folgte ein langer Prozess der Selbsterforschung. Ein großer Teil davon spielte sich während der allmorgendlichen Rasur ab. Während ich mit zusammengekniffenen Augen in den Badezimmerspiegel sah und mich fragte, wer mich da so forschend anstarrte, wurde mir die Verbindung zwischen meinen Jobschwierigkeiten und der Krankheit allmählich klarer. Ich war kein Opfer. Ich wollte auch keins sein. Der Opferstatus verkörpert alles, was ich im Lebenskampf ablehne. Die Herausforderung besteht darin, unter allen Bedingungen gut zu leben und zu funktionieren, auch unter unvorhergesehenen wie der Krankheit.

Diese Sinnsuche vor dem Spiegel betrachtete ich als Übung; als Übung, Verantwortung zu übernehmen und mich der Realität zu stellen. Ich war körperlich krank, aber am Leben, und ich brauchte ein neues Feld, auf dem ich meine Stärke beweisen konnte. *Time* lud mich ein, als freier Mitarbeiter für ihre Zeitschrift zu schreiben. Das klang, als könne es der Anfang eines neuen Wegs sein. Dann kam der atemberaubende Durchbruch zur Verwirklichung meines kühnsten Traums. An einem frühen Junimorgen, an dem Väter überall in Amerika ihren Ehrentag feierten, kam Meredith lächelnd die Treppe herunter. »Alles Gute zum Vatertag«, sagte sie leise, »Dad«.

Meredith war schwanger, wenn auch nicht zum ersten Mal. Drei Fehlgeburten im frühen Schwangerschaftsstadium hatten uns inmitten des Trubels und Tumults unserer CBS-Jahre bekümmert und erschüttert. Merediths Fehlgeburten waren niederschmetternde Erfahrungen. Es waren wirklich *unsere* Fehlgeburten. Es waren *unsere* Schwangerschaften gewesen.

Die Fehlgeburten waren so plötzlich gekommen, dass ich nicht einmal den Gedanken der zukünftigen Vaterschaft verarbeitet, geschweige denn einen Weg gefunden hatte, mich einzubringen. Ich hatte als Zuschauer dabeigestanden, in stummem Staunen zugesehen, wie sich das neue Leben ankündigte, und voller Entsetzen gelauscht, wie der schwache Herzschlag wieder verstummte. Ich fühlte mich hilfloser als je zuvor in meinem Leben. Meine Reaktion auf die Fehlgeburten, die Tränen und der nackte Schmerz, standen in krassem Gegensatz zu meinen Reaktionen auf die Probleme bei der Arbeit und auf meine eigenen Schwierigkeiten. Es gab nichts, was ich mir im Leben mehr wünschte als Kinder. Die Schwangerschaftsprobleme hatten 1986 begonnen und dauerten fast zwei Jahre lang. Es sollte noch mehr Verluste geben, darunter ein Zwillingspaar nach der Geburt unseres ersten Kindes. Dann verschwand das Problem.

Im Sommer 1988 begaben wir uns voller Nervosität zur rituellen Auslotung der Lebenszeichen in die gynäkologische Praxis. Meredith war im dritten Monat schwanger, wir näherten uns also dem Ende des ersten Trimesters. Die Magie des Ultraschalls würde uns den Herzschlag sehen, ja sogar hören lassen. Diese Zeichen gesunden Lebens, die wir bei früheren Versuchen nur kurz zu Gesicht bekommen hatten, würden uns die Bestätigung liefern, dass alles in Ordnung war. Der Moment war entscheidend und erhebend. Unsere Geschicke hatten sich zum Besseren gewandt.

◆◆◆

Benjamin Edwin Cohen kam im Februar 1989 zur Welt, mit weit aufgerissenen Augen und hellwach. »Meinen Glückwunsch«, witzelte der Kinderarzt, der ihn einen Tag später untersuchte. »Sie haben ein gesundes, drei Monate altes Kind.« Bens Hals war ungewöhnlich kräftig. Er konnte seinen Kopf aufrecht halten. Ben ritt auf meinen Schultern zu Partys, wenn er längst zu Hause im Bett hätte sein sollen, und ritt auf meinem Rücken, wenn ich lange Spaziergänge den Broadway hinauf machte. Wir nahmen ihn überallhin mit. Ben starrte alles, was vorbeikam, schweigend an, Hunde und Busse und die vielen exotischen Gestalten, welche die Upper West Side in der Nähe der Columbia University bevölkerten.

Ben war der Grund, aus dem Meredith und ich den Sprung ins Ungewisse gewagt hatten und zusammen gelandet waren. Er füllte eine Lücke in unserem Leben aus. Ich veränderte mich über Nacht. Meine Perspektive und meine Prioritäten verschoben sich und wuchsen. »Meine Karriere scheint mir sehr weit weg«, sagte ich zu Meredith. »Sie ist weit weg, Dummkopf«, antwortete sie. »Jetzt ist es nur noch ein Job.« Ich stand gerade am Anfang einer Zusammenarbeit mit dem bekannten Moderator Bill Moyers an einer PBS-Dokumentation über die Presse. Das würde gelegentliche Reisen nach Kalifornien und zahlreiche Abstecher nach Washington erfordern. Aber meine ganze Reiselust war verflogen. Ich wollte viel lieber Ben sein Fünfuhrfläschchen geben, die einzige derartige Gelegenheit, da ich das Bett mit einer stillenden Mutter teilte.

Meredith hatte CBS einen siebenmonatigen Mutterschaftsurlaub von *West 57th* abgerungen, einer Sendung, zu der sie nie zurückkehren würde. Das Leben zu Hause war schön, und die Arbeit befand sich noch in der entspannten Vorproduktionsphase. Doch da waren der Stress und der Schlafmangel frisch gebackener Eltern. Ich war nachts oft auf, wenn auch nur aus Solidarität mit Meredith, die in die Mutterrolle schlüpfte, als ob sie nie etwas anderes getan hätte. Sie brauchte meine Hilfe nicht, um Ben zu versorgen, wie sie nicht müde wurde, mich zu erinnern. »Klar, du bist eine echte Supermutti«, antwortete ich. »Du schaffst alles allein, und das auch noch mit links.«

Ich veränderte mich. Ben war noch viel zu klein, um »Dad« zu mir zu sagen, aber ich sehnte mich danach, es zu hören. Nicht Journalist oder Produzent. Einfach nur Dad. Wir kauften ein Auto. Wir fuhren an den Wochenenden aus der Stadt raus, steckten Ben in seinen Kindersitz und machten uns auf den Weg zu dem alten Haus, das wir draußen auf dem Land gekauft hatten. Zum ersten Mal seit Jahren hatte ich das Gefühl, dass alles stimmte. Ich fühlte mich normal.

Das konnte nicht lange andauern. Ich begann, mich müder als sonst zu fühlen, was mich überraschte, weil ich gut schlief und die harte Arbeit an der Dokumentation noch gar nicht angefangen hatte. Irgendetwas stimmte nicht.

»Wie schnell fährst du?«, fragte ich Meredith eines Samstagmorgens, während wir meine Straße des Nebels am Hudson entlang nach Norden fuhren. »Am Tempolimit«, antwortete sie. »Ich kann die großen grünen Ausfahrtsschilder nicht lesen«, sagte ich mit unverhohlener Besorgnis. »Fahr langsamer, wenn das nächste kommt«, bat ich und setzte mich gerade hin. Kurz darauf wurde das Auto etwas langsamer. »Da kommt die nächste Ausfahrt«, sagte Meredith leise.

Es waren nur wenige Autos unterwegs, und wir verlangsamten fast auf Schritttempo. »Mein Gott, ich kann überhaupt nicht erkennen, was auf dem Schild steht«, stammelte ich. »Wo sind wir?« Meredith wirkte geschockt. »Cold Spring«, sagte sie. Meine Sehkraft war seit 13 Jahren stabil geblieben. Das darf nicht wahr sein, dachte ich.

Mein Leben war zuerst so schief und dann endlich so richtig gelaufen. Die Gedanken schossen mir nur so durch den Kopf: Ich hatte zum Glauben an die Familie gefunden und zahlte nun den Preis … Ich hatte einen Job gegen ein Kind eingetauscht … vielleicht eine Karriere … keine gute Tat bleibt ungesühnt. Ich liebte Ben von ganzem Herzen. Unser Dasein war eine Weile untypisch ruhig verlaufen. Damit war es jetzt vorbei. Wir hatten ein friedliches Heim, das Gefühl, uns für die Dauer eingerichtet zu haben. Endlich war alles ins Lot gekommen. Jetzt fühlte ich nichts als gewaltigen Zorn.

Der Neuro-Ophthalmologe bestätigte die Verschlechterung meines Sehvermögens und schickte mich zu einem anderen Neurologen, der eine Kernspintomografie anordnete. Es fanden sich neue krankhafte Veränderungen in meinem stressgeplagten Gehirn. Ich wurde ins Krankenhaus eingewiesen. Vorher war ich bei Channel Thirteen gewesen, um meine Lage mit Bill Moyers zu besprechen. Bill wusste nicht, dass ich MS hatte. Ich hasste es, anderen Leuten von meinen Lebensumständen zu erzählen. Sie sind immer schockiert und wissen nicht, was sie sagen sollen. Also läuft es darauf hinaus, dass ich das ganze Reden übernehmen. Meist fällt den anderen nichts dazu ein. Bill war da anders. »Richard, deine Gesundheit ist das einzig Wichtige hier«, sagte er gelassen, »nicht die Dokumentation. Das ist nur Fernsehen. Es ist nebensächlich. Vergiss das nicht.« Ich lächelte. »Ich komme wieder«, sagte ich ihm.

Also ging ich ins Krankenhaus, wo ich an einen Tropf mit hochwirksamen Steroiden gehängt wurde. Diese Therapie muss sich Dr. Frankenstein ausgedacht haben. Selbst der ausgeglichenste Mensch würde das Krankenhaus nach einer Intensivtherapie mit Steroiden als Verrückter verlassen. Dann nahm ich das Medikament fast zwei Wochen lang in abnehmender Dosis oral ein, um mich von dem Gift zu entwöhnen. Die Steroide machten mich fett und wahnsinnig. Heftige Stimmungsschwankungen plagten mich. Wohlbefinden verwandelte sich jäh in Depression – in dem Zeitraum, den es brauchte, die Straßenseite zu wechseln, ein Unternehmen, das für mich jetzt erheblich riskanter geworden war. Mit all dem fertig zu werden, die bedrohlichen Veränderungen aus dem richtigen Blickwinkel zu sehen, schien mir unmöglich. Ich war viel zu kribbelig. Am Ende des Sommers 1989 war ich 18 Kilo schwerer und todunglücklich.

Die Verzweiflung, die ich fühlte, war etwas Neues für mich. Das permanente Schwächegefühl hinderte mich am Besuch des Fitnessstudios. So blieb das Gewicht auf den Rippen, und mein Selbstbild litt. Ich sagte mir ständig, dass ich darüber hinwegkommen und mein Leben weiterleben müsse. Doch meine Selbstgespräche halfen nicht viel. Ben und Meredith waren das Einzige, woran ich Freude hatte.

Den absoluten Tiefpunkt erreichte ich an einem Wochenende auf dem Land. Eine schlaflose Nacht trieb mich nach unten, um zu lesen. Als der Morgen dämmerte, bekam ich Kopfschmerzen. Ich dachte mir nichts weiter dabei und trieb in der Küche ein Aspirin auf. Dann kehrte ich zu meinem Buch zurück, musste aber beunruhigt feststellen, dass der Schmerz in meinem Kopf heftiger wurde, begleitet von einem dumpfen Pochen, das in Wellen kam. Das war eine neue Erfahrung. Ich stieg die Treppe hinauf und ging ins Schlafzimmer. Neben Meredith liegend versuchte ich, mich zu entspannen, und wurde stattdessen nur noch unruhiger.

Schmerzen sind kein typisches MS-Symptom. Typisch für die Krankheit ist im Allgemeinen das genaue Gegenteil von Schmerz, nämlich Sensibilitätsstörungen. Solche Taubheitsgefühle waren inzwischen meine ständigen Begleiter.

Dieser neue Schmerz brachte mich aus der Fassung. Woher kam er? Ich lag da und spürte, wie sich das Messer in meinem Schädel drehte. Meredith wurde von meinem Stöhnen wach. »Mein Kopf steckt in einer Schraubzwinge!«, schrie ich. Der Schmerz war so heftig, dass ich mir nicht mehr zu helfen wusste. »Ich muss den Arzt anrufen«, sagte ich zu niemand Bestimmtem. Mein Neurologe rief mich um 6.30 Uhr morgens zurück. Ich war in Tränen aufgelöst. »Fahren Sie zur Columbia«, wies er mich an. »Sie sind keiner, der grundlos jammert. Ich weiß, dass es ernst ist. Wir treffen uns dort.« Wir hatten eine zweistündige Fahrt vor uns. Wir setzten Ben auf den Rücksitz und fuhren los.

So brausten wir über die Schnellstraße nach New York, ein brüllendes Baby auf dem Rücksitz, ein hysterischer Vater auf dem Beifahrersitz. Ich war sicher, dass ich sterben würde. Ich hatte so lange so hart daran gearbeitet, mit diesem Mist zu leben, und jetzt das. Ich weinte heftig. »Halt an, Meredith!«, schrie ich plötzlich. »Bitte fahr rechts ran. Mir wird schlecht.« Meredith trat hart auf die Bremse und zog auf den Randstreifen rüber. Noch bevor der Kombi stand, hatte ich das Fenster heruntergelassen, den Kopf hinausgestreckt und übergab mich im hohen Bogen nach draußen. Das Auto kam mit einem Ruck zum Stehen. Ich ließ den Kopf auf die Arme sacken. Und dann war es vorbei. Der Schmerz war weg.

Mein Neurologe konnte mir diesen rätselhaften Vorfall nie erklären. Es klänge nach einer Migräne, sagte er, obwohl ich bis dahin nie Probleme mit irgendeiner Art von Kopfschmerzen gehabt hatte. Ich beschloss, die schreckliche Episode einfach als unerklärliches Ereignis zu betrachten. Das, wozu das ganze Leben für mich geworden war.

Es lauerte immer wieder etwas Neues hinter der nächsten Wegbiegung. Selbst als ich begann, die Verantwortung für mein Leben selbst zu übernehmen, blieb ich mir der Macht des Zufalls überaus bewusst. Es gab so vieles in meinem Körper, was nicht zu erklären war. Warum sollte es diesmal anders sein?

Meine Gedanken drehten sich immer wieder um meinen Kontrollverlust, und ich fragte mich, ob ich eine solche Kontrolle in den über 15 Jahren, seit denen mich die MS belagerte, überhaupt je besessen hätte. Kein Neurologe hatte mir geholfen. Davon war ich überzeugt. Sie listeten nur auf, was alles nicht ausreichend erforscht war und was ihrer Meinung nach da passierte. Und das wurde dann mit höchster Autorität vorgebracht. Meine krächzende Stimme, nun ja, vermutlich MS. Der unglaubliche Kopfschmerz? Hing vermutlich irgendwie mit der MS zusammen. Ich bitte Sie. Meine Verachtung für die Fernsehbranche wurde inzwischen nur noch von meiner Geringschätzung für die Ärzteschaft übertroffen. Denn sie wissen nicht, was sie tun, das war alles, was mir dazu einfiel. Und die Talfahrt wurde immer steiler.

KAPITEL 8

Erdrutsch

Endlich kam der September, die Luft wurde wieder unsichtbar, und der elend heiße Sommer 1989 näherte sich seinem Ende. Für mich war es eine Saison voller Gefahrenmomente gewesen. Die emotionalen Abstürze durch das Aufflackern der MS hatten mit den körperlichen Verheerungen Schritt gehalten. Die Steroide hatten Öl ins Feuer gegossen, waren aber jetzt nur noch böse Erinnerung. Die scheußlichen Medikamente waren längst aus meinem Körper ausgeschieden. Ich war nicht mehr fett und verrückt, sondern nur noch fett.

Als Nächstes überredete mich mein Neurologe, an einem klinischen Test mit Botox, einem Derivat der Botulismustoxine, teilzunehmen. Die kosmetischen Anwendungsmöglichkeiten von Botox waren damals noch nicht entdeckt, aber die Ärzte glaubten, es könne vielleicht meine schwankende Stimme kurieren, die seit meiner Rückkehr zu CBS vor drei Jahren stockheiser war. Ich wusste nur, dass sie mir eine sehr lange Nadel in den Hals stechen wollten.

Die dünne Nadel durchstach die Haut, drang tiefer in den Hals und schließlich in den Kehlkopf ein. Hat das alles denn nie ein Ende?, fragte ich mich, während ich mit einem Kissen unterm Nacken dalag. Als gefährliche Fortsetzung dröhnte ein stummes *Warum ich?* durch meinen Kopf. Das Fass näherte sich dem Überlaufen. *Warum ich?* Diese Frage wurde in meiner Familie nie laut gestellt. Es gibt keine Antwort. Die

Frage bringt niemandem etwas. Sie ist ein Klageschrei, der von Schwäche zeugt. Nein, nein, nein.

Das hatte ich gelernt, als bei mir Jahre zuvor ein Leistenbruch aufgetreten war. Kein besonders seltenes Problem bei Männern. Ein operativer Eingriff wurde erforderlich. Ich fühlte mich so überfordert und ausgelaugt durch die MS, mit der ich mich damals erst seit fünf Jahren herumschlug, dass mir diese selbstbezogene Frage über die Lippen kam. In einem Gespräch mit meinem alten Herrn deutete ich an, dass mir ein Unglück nach dem anderen zuzustoßen schien. *Bamm.* »Du redest daher wie ein berufsmäßiges Arschloch«, schnauzte mein Vater. O.K., Lektion kapiert.

Vom Pikser beim Eindringen abgesehen, war die Botox-Injektion nicht schmerzhaft. »Hat es dabei schon mal Zwischenfälle gegeben?«, hatte ich den Neurologen gefragt. »Nur einen gebrochenen Fußknöchel«, antwortete er. »Eine Frau ist vor lauter Angst vom Tisch gesprungen und auf der Unfallstation gelandet.« Das klang ganz witzig, zumindest, bis der Eingriff begann.

Der Vorgang löste einen Würgereflex aus, durch den die Nadel wieder aus dem Hals sprang. Die Waffe attackierte meine Kehle ein zweites Mal, nur um wieder herauszuspringen. Das Würgen ließ sich nicht unterdrücken. »Na, das ist ja mächtig spaßig«, knurrte ich, das Gesicht zu einer gequälten Grimasse verzogen. »Lassen Sie mich raten: Sie werden es gleich noch mal versuchen.« Der rothaarige Irre in Weiß lächelte nur und nickte mit dem Kopf. Die Silberkugel wurde wieder abgefeuert und blieb endlich an Ort und Stelle. Doch es stellte sich bald heraus, dass ich die falsche Dosierung bekommen hatte: Jetzt war ich endgültig stimmlos und konnte mich überhaupt nicht mehr hörbar äußern.

Sehr still kehrte ich zu meiner Arbeit an der PBS-Dokumentation *Illusions of News (Illusionen der Nachrichten)* zurück, die ich für Bill Moyers als Regisseur und Produzent betreute. Ich ging in den Schneideraum, um den Film zu retten. Durch meine vielen Ablenkungen in diesem langen Sommer entwickelte sich die Sendung allmählich zu einem Fiasko, das größtenteils auf dem Boden des Schneideraums herumflog. »Richard, du hattest eine starke Geschichte zu erzählen«, flehte Moyers, »aber du erzählst sie nicht.« Bill hatte Recht, und ich wusste, dass diese Fernsehstunde auf der Kippe stand.

Ich war demoralisiert. Meine Gesundheit hatte sich auf eine ausgedehnte Reise den Bach hinunter gemacht und mein Selbstvertrauen mit sich genommen. Meine üblichen Probleme mit der Strukturierung waren hier am Werk, zusätzlich kompliziert durch meine wachsende Verunsicherung, was die Behandlung der MS-Symptome anging. Ich fand mich in einer weiteren Redaktionskonferenz mit Moyers. Ich biss mir auf die Lippe, räusperte mich und versuchte, zu sprechen.

Ich brachte kein Wort heraus. Hilflosigkeit überkam mich. Wieder einmal entzogen sich meine körperlichen Probleme meiner Kontrolle, eine Situation, mit der ich schon früher konfrontiert gewesen war, an die ich mich aber nie gewöhnen konnte. »Was?«, schrie Bill geradezu. »Ich kann dich nicht hören. Was sagst du?« Er schüttelte frustriert den Kopf. Ich flüsterte fast tonlos, dass ich mich bemühen würde, den Film in Ordnung zu bringen. Dies war ein Test meines Durchhaltevermögens. Ich war zu der Überzeugung gelangt, dass ich mit allem außer dem Sensenmann fertig werden könnte. Schiere Entschlossenheit und der geduldige Ansporn eines verständnisvollen Chefs brachten das Biest unter Kontrolle. Man musste schon verdammt ehrgeizig sein, um es unter diesen Umständen zu schaffen, dachte ich.

Meredith hatte bei CBS ihre eigenen Probleme. Ihre Arbeit bei *West 57th* hatte ihr überschwängliche Kritiken eingebracht, und die Leute bei CBS News mochten sie. Einer aus der Chefetage, den sie beeindruckt hatte, war Don Hewitt, Begründer und leitender Produzent des Fernsehmagazins *60 Minutes*. Er bot ihr die frei gewordene Stelle von Diane Sawyer an, die zu ABC News abgewandert war.

Meredith war begeistert von dem Angebot, hatte aber Bedenken wegen der damit verbundenen Reisetätigkeit. Sie nahm den vier Monate alten Ben zum Mittagessen mit Hewitt mit, um ihren Standpunkt zu verdeutlichen. Hier war ihre oberste Priorität, saß frisch gewindelt neben Don im schicken Restaurant. Meredith war eine sehr glückliche Mama und plante nicht, dieses Glück für irgendetwas aufzugeben. »Arbeiten Sie Teilzeit, arbeiten Sie von zu Hause«, sagte Hewitt. »Bringen Sie Ben mit ins Büro. Wir besorgen ein Kinderbettchen.« Bei Hewitt klang alles ganz einfach.

War es aber nicht. Meredith konnte mit ihrem unbeständigen neuen Chef keinen Frieden schließen. Hewitts Worte waren bloße Makulatur. Es gelang Meredith nicht, die doppelte Verantwortung und die konkurrierenden Ansprüche von Familie und Arbeit miteinander in Einklang zu bringen. Ben zu Hause zu lassen, selbst für einen Routinetag im Büro, war schwierig. Die mit dem Job verbundenen Reisen blieben immer schmerzlich. Meredith flog für eine Woche nach Rumänien, um eine Reportage über Waisenkinder zu drehen. Dabei konnte sie die ganze Zeit an nichts anderes denken als an ihr eigenes Kind daheim, das durch ihre Abreise verwaist war. Ich war zu Hause – Meredith und ich hatten eine Abmachung geschlossen, niemals gleichzeitig beruflich zu verreisen –, aber das zählte nicht. Für die Mutterrolle war ich nicht qualifiziert.

Als Meredith aus Rumänien zurückkam, weigerte sich Ben, ihre Anwesenheit auch nur zur Kenntnis zu nehmen. Sie musste dafür bestraft werden, dass sie ohne ihn auf diese lange Reise gegangen war. Ich hingegen war in meiner Vaterrolle gestärkt, nachdem ich mein Alleinsein mit Ben recht gut überstanden hatte. Mein Bild von mir selbst veränderte sich. Mein Platz unter den großen Machern fehlte mir nicht mehr. Ich war gern mit meinem Kind zusammen. Insgeheim weidete ich mich an Merediths kurzzeitiger Verbannung ins Fegefeuer. Die Dinge hatten sich geändert. Das Vaterdasein bekam mir. Das konnte mir keine Krankheit nehmen.

Wie durch ein Wunder hatte ich meine Dokumentarsendung auf Vordermann gebracht und meine Stimme zurückerlangt. Mit keinem von beidem hatte ich allzu fest gerechnet. Wir befanden uns im abschließenden Stadium. Der Film wurde bei uns in der Nähe geschnitten, und jeden Tag packte ich Ben in seinen Sportwagen und nahm ihn mit zum Schneideraum. Dort lag er auf einem sauberen Laken auf dem Boden und amüsierte sich mit seinem Spielzeug. Nach meinem letzten Verlust an Sehkraft war keine große Besserung eingetreten, aber ich konnte immerhin sehen, dass es Ben auf dem Boden gefiel und dass mir der Film gefiel. *Illusions of News* lief kurz vor Thanksgiving auf PBS und erhielt gute Kritiken. Außerdem gewann die Dokumentation einen Emmy und einen John-Foster-Peabody-Preis.

Schon seit mehr als 16 Jahren führte ich ein Leben mit MS. Die Bewältigung der Multiplen Sklerose war zum langen Marsch geworden, zum Bemühen, zu überleben und die wichtigen Menschen in meinem Leben nach Möglichkeit davor zu bewahren, dass sie sich mehr als unbedingt notwendig mit der Krankheit befassen mussten. Die Krankheit zu managen, war zur Routine geworden, zum Alltagsgeschäft. Verschlimmerungen bedeuteten eher eine Herausforderung als eine Erschütterung. MS-Patienten lernen, geduldig auf Probleme zu warten, sich ihrer Unausweichlichkeit bewusst zu sein, ohne sich deswegen um weiteres Leiden zu reißen.

Ende 1989 war ich nach wie vor wackelig auf den Beinen und hoffnungslos außer Form, da ich immer noch an steroidbedingter Aufschwemmung litt. Ein Freund bei *60 Minutes* erzählte mir von einem Kurort in Kalifornien, wo man die Gäste in den Bergen wandern und im Hotel hungern ließ. Das klang reizvoll, und ich traf die entsprechenden Arrangements. Am Morgen meines Abflugs fiel mir selbst das Gehen schwer. Mein rechtes Bein gab fast unter mir nach, als ich mich auf den Weg zum JFK-Flughafen machte. Sobald ich wieder festen Boden unter den Füßen hatte, versuchte ich in Venice, einem exzentrischen Künstlerort am Strand südlich von Los Angeles, mit einem Cousin einen Strandbummel zu unternehmen. Der weiche Sand dämpfte meine gelegentlichen Stürze. Wie soll ich bloß in den Bergen wandern?, fragte ich mich. Aber ich sagte mir, dass sich das Problem nur zu bald entweder bessern oder verschlimmern, vielleicht aber auch einfach weggehen würde.

Die Verschlimmerung, die eintrat, sollte jedoch eine neue Phase meines Lebens einleiten. Ich überquerte eine Grenze, über die es kein Zurück gab. Das Wandern in den Santa Monica Mountains mit Faye Dunaway war an sich nicht so übel. Schrecklich war nur, dass ich das Bein nachzog und torkelte und schließlich in einen Graben fiel, mir den rechten Fuß brach und mich vor Schmerzen wand. Meine Wandergefährtin machte sich auf, Hilfe zu holen.

Ich lag auf dem Rücken und blinzelte in die glühende Sonne. Über mir kreiste ein Geier. »Hau ab, du Scheißvieh!«, brüllte ich, doch ich wusste, dass ich einen Markstein erreicht hatte. Meine Krankheit, die sich so lange auf die Augen konzentriert hatte, breitete sich jetzt beharrlich körperabwärts auf die Beine aus. Weiteres würde folgen. Meine Ruhe fühlte sich diesmal nicht wie Betäubung an. Ich fühlte. Ich akzeptierte.

Dieser Vorfall verdeutlichte die traurige Tatsache, dass Wanderungen über holperiges Gelände auf einem durch Multiple Sklerose ernsthaft geschwächten Bein nicht mehr infrage kamen. Dabei verwandelte sich mein ganzes Leben zusehends in eine harte Kletterpartie. Mein Ziel war mal wieder gewesen, zu beweisen, dass ich fit und kerngesund war, dass ich immer noch mit allen mithalten konnte. Doch diese Selbsttäuschung funktionierte nicht mehr, und es war höchste Zeit, die Lektion zu begreifen.

Ich brach mir in den folgenden Wochen noch zweimal den Fuß. Zuerst den linken, als ich mit Ben im Rückentragegestell die Straße entlangwanderte; er ging dabei zu Boden. Dann den rechten, ein zweites Mal, als ich an Heiligabend unglücklich auf ein Stück Brennholz trat. Bens Sturzflug in eine Schlammpfütze und der lange, schmerzhafte Kriechweg bei Minustemperaturen von der dunklen Garage zurück zum Haus machten mir klar, dass sich etwas ändern musste. Ich durfte das Schicksal nicht länger herausfordern.

»Hören Sie auf zu laufen«, riet mir der Orthopäde. »Sie sind blind, und Sie sind nicht gut zu Fuß. Ihre Beine sind instabil, und die Bänder sind überdehnt. Ihr Gleichgewicht ist im Eimer«, sagte er. »Kapieren Sie? Sie sind eine Katastrophe, eine tickende Zeitbombe. Hören Sie auf zu laufen.«

Aufhören zu laufen? Leichter gesagt als getan. Das Laufen war eine wichtige und aussagekräftige Metapher für mein Leben. Ich kann niemals aufhören zu laufen, aber ich hörte auf zu joggen.

Mit Schienen an beiden Fußknöcheln fing ich in einem Fitnessstudio an. Das Terrain der Tretmühle übte keinen Reiz auf mich aus. Auf einer Steppmaschine statt an einem unwegsamen Berghang zu klettern, verschaffte mir keine ästhetische Befriedigung. Die meditative Qualität des Joggens im Freien fehlte dem Studio und fehlte mir. Aber ich war im Überlebensmodus und versuchte verzweifelt, mir hartes Training als eine Möglichkeit in meinem Leben zu bewahren. Ich übte mich in gesundem Menschenverstand. Im Arbeitsleben hatte ich damit weniger Erfolg. Ich nahm ein Projekt in Angriff, das zum sicheren Scheitern verurteilt war, ein Public-Affairs-Programm, das so heftige Schräglage nach links hatte, dass ihm der Inhalt entglitt. Ich arbeitete an einer PBS-Pilotsendung über öffentliche Streitfragen, die von einem Radikalen finanziert wurde, was nicht gerade von gesundem Menschenverstand meinerseits zeugte. Ich wusste, dass dieses Projekt nirgendwohin führte. Ich fragte mich, ob ich selbst irgendwohin steuerte.

Unsere Wohnung wurde zu klein in dem Moment, als uns klar wurde, dass unsere Familie größer werden würde. Zwei Männer drangen mit Schusswaffen in unser Gebäude ein und brüllten durch unsere verschlossene Wohnungstür, dass sie uns umbringen würden. Wir sahen einander an und nickten. Es war an der Zeit, von hier fortzugehen. Meredith und ich packten uns Ben und verließen New York im Jahre 1990, um weiter den Hudson hinaufzuziehen.

◆◆◆

Wir ersetzten die Beengtheit der Wohnung durch den Luxus eines Hauses. Häuser haben Treppen, was mir Gelegenheit zu neuen Stürzen bot. New Yorker tun einen Schritt aus ihrer

Stadt hinaus und wähnen sich sofort auf dem platten Land. Hier gab es Bäume und Hügel gleich am Fluss, was uns ländlich genug erschien, obwohl die Gegend eigentlich noch zu den städtischen Randbezirken gehörte.

Dies war eine Lebensentscheidung, ein Ortswechsel, der tief greifende Veränderungen in meiner Beziehung zu Meredith mit sich bringen sollte. Das Leben außerhalb der Großstadt, in einer Wohngegend, wo alle wichtigen Ziele über ein großes Gebiet verteilt lagen, würde mich vor eine Prüfung stellen, die ich nicht bestehen konnte. Dabei war ich derjenige, der darauf gedrängt hatte, New York zu verlassen. »Gipskopf«, wie mein Freund Mark mich zu nennen beliebt, »ich weiß nicht, wie du da draußen leben willst. Hier in der Stadt hast du alles, was du brauchst, in Reichweite. Du kannst nicht mehr Auto fahren. Das wird für Meredith eine schwere Belastung sein.«

Mark war einer von diesen Typen mit einem sehr ausgeprägten gesunden Menschenverstand. Ich hasste das. »Du dramatisierst doch nur wieder«, sagte ich zu ihm, wenn ich wusste, dass er Recht hatte. »Lass mich in Ruhe.« Meine Entschlossenheit, New York zu verlassen, würde er nicht erschüttern. Ein Leben außerhalb von New York würde gut für die Kinder sein, die wir auf die Welt bringen wollten. Eine neue Umgebung würde auch uns gut tun.

Ich übte mich mal wieder in Verleugnung, überzeugte mich irgendwie selbst, dass ich dem Vorstadtleben gewachsen sei. Die Logistik würde schwierig sein, die Belastung für andere ließe sich nicht leugnen, aber die Veränderung fühlte sich einfach richtig an. Die MS holte mich langsam ein, aber ich würde gewinnen, und meine Entschlossenheit war nicht zu übersehen. Ich saß bei meinem Neurologen, von seinem ernsten Gefolge umgeben, das in weiße Kittel gewandet war und gelehrt dreinblickte. Wir unterhielten uns in dem kahlen Untersuchungszimmer, in dem der Doktor Hof hielt. »Dieser Mann befindet sich im Zustand tiefster Verleugnung«, bemerkte der Doktor beiläufig und zusammenhanglos zu seinen Jüngern. »Das leugne ich«, konterte ich prompt. Der Typ muss mich für taub gehalten haben, so wie er weiter drauflosschwafelte, während er einfach durch mich hindurchsah.

Der schwache Versuch, witzig zu sein, überdeckte meinen auflodernden Zorn darüber, dass dieser Mann meine sorgfältig choreografierte Abwehr gegen die verheerenden psychologischen Auswirkungen der Multiplen Sklerose so beiläufig zerstörte. Natürlich hatte der Neurologe Recht, was meine Verleugnung anging. Aber er verstand ihre Entwicklungsgeschichte nicht. Ich hatte mich entschieden, Einschränkungen selektiv zu ignorieren. Ich wusste, womit ich es zu tun hatte. Mein Leben veränderte sich. Ich wollte mit den Veränderungen in meinem Körper Schritt halten, indem ich mich gegen das Wörtchen *Nein* stemmte.

Widerstand kam von allen Seiten. Nur wenige Menschen konnten meinen Kampf verstehen. Die Menschen in meinem Leben, ob sie nun im weißen Kittel, mit Schürze oder ausgewaschener Jeansjacke daherkommen, legen ein seltsames Bedürfnis an den Tag, über meine Verleugnung zu urteilen. Der Frevel der Verleugnung löst prompte Reaktionen aus, die meist ins Negative tendieren. »Das solltest du nicht tun!«, rief ein Freund aus, als ich an einem Sommertag sagte, ich wolle einen Skiberg hinaufwandern. »Du wirst es nicht bis oben schaffen«, prophezeite er. Tatsächlich? Und wenn schon. Was er sich vorstellte, was passieren könnte, blieb mir unergründlich.

Anhalten, vielleicht. Möglicherweise sogar umkehren. Man stelle sich das vor. Die Menschen scheinen sich durch Verleugnung bedroht zu fühlen. Vielleicht schüchtert die Fähigkeit, in harten Zeiten einfach weiterzumachen, sie ein, weil sie sich einbilden, sie könnten das nicht.

Mein Problem ist seit langem, dass ich nicht nur mit meinen eigenen Dämonen ringen, sondern mich gleichzeitig auch noch mit denen der anderen herumschlagen muss. Ein Freund sagt mir, ich ginge zu viele Risiken ein. Ein anderer verkündet, ich wüsste nicht, was gut für mich ist. »Du gehst zu viel ins Fitnessstudio«, sagte mein Vater mir vor ein paar Jahren. »Man kann sich auch überfordern, weißt du.« Es gibt Menschen, die einen mit ihrer Überbesorgtheit erschlagen.

Ich schlage das Wort *Verleugnung* in meinem eigenen, höchst persönlichen, ausschließlich von mir veröffentlichten und gelesenen Wörterbuch nach. Meine Definition von *Verleugnung*:

1. Die Weigerung, anderer Leute Wahrheit zu akzeptieren.
2. Sich gut fühlen, um die Dinge gut zu machen.
3. Annehmen, dass etwas gut gehen wird, wenn niemand sonst daran glaubt. *Törichte Verleugnung*: Annehmen, dass etwas gut gehen wird, wenn die Chancen dafür gleich null sind.

Unser Umzug aufs Land schien deutliche Anteile an guter wie auch törichter Verleugnung zu haben. Ich wusste, dass mit Schwierigkeiten zu rechnen war, entschied mich aber zum höheren Wohl der Familie, ihre möglichen Auswirkungen zu ignorieren. Mein augenblicklich eintretender Verlust an Selbstständigkeit wurde zur unmittelbaren Belastung für Meredith.

Die Stadt ist ein großer Gleichmacher. Auf ihren Straßen werden die Menschen zu Gleichgestellten. Blinde und Rollstuhlfahrer können auf ihren Bürgersteigen vorankommen und so ihre Unabhängigkeit bewahren. Gehen ist eine typische Aktivität in New York. Das Gleiche gilt für die Benutzung öffentlicher Verkehrsmittel. Besorgungen gehören zu jedermanns Alltagspflichten. An unserem neuen Wohnort lagen die Ziele weit auseinander. Die Vorstadtwelt ist das Land des Automobils, und ich bin zu blind, um Auto zu fahren. Die Fähigkeit, ein Auto zu fahren, hatte sich schon vor fast 15 Jahren davongemacht und mich auf der staubigen Straße stehen lassen.

Als wir in unser neues Haus einzogen, stieg Meredith augenblicklich aufs Auto um. Sie war jetzt ein Transportunternehmen. Sie würde diejenige sein, die die Kinder zum Spielen mit Freunden, zu Geigenstunden und zum Sporttraining chauffieren musste. Ich würde der ewige Kopilot sein, ohne auch nur ausnahmsweise das Steuer übernehmen zu können. Der Beifahrersitz wurde zu einem neuen Gefängnis.

Diese Neuorganisation unseres Zusammenlebens und der Chauffeurdienst bedeuteten eine Verschiebung der traditionellen Rollenverteilung. Unser Leben geriet in Schieflage. Ich war machtlos, außerstande, meinen Teil beizutragen, zu einer Party zu fahren oder auch nur einen Laden aufzusuchen, um ein Brot oder eine Flasche Wein zu kaufen. Blindheit ist Schwäche, Schwäche ist unmännlich, und Unmännlichkeit ist das, was ein Mann nicht ertragen kann. Offenbar sind wir Männer das, was wir fahren.

Ich ließ mich von diesen Frustrationen nicht verrückt machen, aber das dringende Verlangen nach einem fahrbaren Untersatz ist nie ganz von mir gewichen. Die Gewöhnung an diesen Zustand fiel mir nicht leicht. Ich wusste, worauf ich mich mit dem Umzug aufs Land einließ. Meredith wollte New York nicht verlassen. Jetzt fühlt sie sich hier zu Hause, und ich möchte zurück in die große Stadt. Unser Leben ist nicht immer das, was wir für uns selbst gewählt hätten. Wir haben es für die Kinder getan.

Gegen Ende des Jahres 1990 war Merediths Leben bei *60 Minutes* praktisch unerträglich geworden. Sie brachte die ganze Anspannung und das Elend mit nach Hause, wo sie sich wunderbar in meine eigene finstere Stimmung einfügten. Wir waren nicht die glücklichste Familie. Das Schuldgefühl, dass wir unserem Kind den Stress praktisch mit dem Löffel einflößten, gesellte sich noch zu den übrigen düsteren Gefühlen hinzu, die in unserer Küche herumschwirrten. Irgendetwas musste passieren.

Die Flexibilität, die man Meredith bei *60 Minutes* zugesagt hatte, schien sich endgültig in Nichts aufgelöst zu haben. Zu Hause arbeiten? Klar. Doch wenn Merediths Büro bei CBS leer war, regte sich der leitende Produzent auf. Wo war sie? Warum war sie nicht im Büro? Das geht so nicht. Merediths Büro wurde plötzlich nach vorn verlegt, gleich neben Hewitts und in direkter Sichtweite seiner Tür. Der Mann war unerbittlich. Er begann, die Qualität von Merediths Arbeit infrage zu stellen. Er bestrafte sie dafür, dass ihre Familie für sie Priorität hatte.

Die Spannungen wurden zunehmend schlimmer. Meredith wurde zur Bürgerin zweiter Klasse degradiert. Die unschöne Situation war eigentlich völlig absurd. Ihre Reportagen bei *60 Minutes* kamen bei den Fernsehkritikern gut an, wurden sogar hoch gelobt. Alle außer dem leitenden Produzenten hielten große Stücke auf Meredith und sagten das auch. Wenn Meredith sich entschloss, Ben mit ins Büro zu bringen, was nicht oft vorkam, lag Missstimmung in der Luft. Ben wurde in den Korridoren der Spitzname »Christkind« angehängt. Seine bloße Anwesenheit kollidierte mit der *60-Minutes*-Kultur. Als

Ben einmal etwas lauter schrie, kam der prominente Moderator Mike Wallace aus seinem Büro geschossen und brüllte: »Schafft dieses verdammte Kind hier raus!« Ich fürchtete, dass Meredith unter der Last der alten Männer, die auf ihrem Kopf Stepp tanzten, zusammenbrechen würde.

Das Gift breitete sich in unserem Heim aus und hatte uns längst alle angesteckt. Selbst der Hund sah nervös aus. Es lag Spannung in der Luft, elektrische Hochspannung, die uns immer wieder Schläge versetzte. Meredith war zum Prügelmädchen für die alten Herren geworden, für das weiße, männliche Machtgefüge von *60 Minutes*. Sie schienen sich an ihrem Unglück geradezu zu weiden. Hewitt brauchte offenbar jemanden, den er schikanieren konnte. Und da ein Unglück selten allein kommt, verschärfte der Stress auch meine MS-Probleme. Taubheit und Schwäche der Gliedmaßen suchten mich jetzt regelmäßig heim.

Meredith war jedoch auch nicht ganz schuldlos. Sie hatte es sich nicht nehmen lassen, in Zeitungsinterviews zu betonen, dass ihre Arbeit hinter den Bedürfnissen ihres Kindes zurückstehen müsse. Sie schwenkte damit ein rotes Tuch vor den Augen des Stiers, rieb ihrem Boss ihre familiären Prioritäten unter die Nase. Meredith huldigte ihren Gebietern nicht und kroch ihnen nicht in den Hintern. Sie nahm keine Rücksicht darauf, wie ihre Brötchengeber die Welt sahen, die sie so eisern zu beherrschen suchten. Meredith war stolz darauf, das Intrigenspiel nicht mitzuspielen – letztlich ein heikler Pyrrhussieg.

Meredith und ich litten an der gleichen Krankheit: einer übersteigerten Vorstellung von unserer Fähigkeit, unsere eigene Welt zu kontrollieren. Das beruhte nicht so sehr auf Arroganz als vielmehr auf unserer hehren Überzeugung, dass unser Weg der beste für jeden von uns sei. Wir waren darin ziemlich unnachgiebig und fochten daher aussichtslose Kämpfe aus. Meredith war bei *60 Minutes* von vornherein zum Scheitern verurteilt, und sie scheiterte in großem Stil.

Als Meredith mit Gabe schwanger wurde, beichtete sie dies den Vaterfiguren in der 57th Street, der Zentrale von CBS News, nicht sofort. Nach ihren vorangegangenen Fehlgeburten war dies automatisch eine Risikoschwangerschaft, und ihr Gynäkologe wies sie an, sich von Flugzeugen und Stresssituationen fern zu halten. Als Hewitt eines Samstags anrief, um sie zu einem Spontaneinsatz nach Paris zu schicken, schluckte Meredith und erzählte ihm ihre Story. Daraufhin brach die Eiszeit aus. Doch junge Männer großzuziehen, erschien ihr einfach reizvoller, als sich mit alten Männern herumzuschlagen, die dachten, das Leben begänne sonntagabends um 19.00 Uhr (18.00 Uhr Zentralzeit).

Merediths Wahl war getroffen. Die Entscheidung war leicht, die Erleichterung groß. Dass die Familie an erster Stelle kam, stand für sie außer Frage. Merediths Entscheidung für Kinder anstelle von Ruhm und Ehren erforderte ungeheuren Mumm. Aber das ist Meredith. Die Bindung an die Familie, die Entschlossenheit, dem eigenen Ich treu zu sein, kann einem Menschen durch jede Krise hindurchhelfen, auch durch Krankheit. Meredith ist immer da. Sie hat für sich entschieden, was ihr am wichtigsten ist – ihre Familie –, und danach gehandelt.

Merediths Probleme fanden bei vielen Amerikanern Widerhall und lösten eine Debatte über Prioritäten, Kinder und Karriere aus. Die Titelseite einer landesweit erscheinenden Boulevardzeitung trug ein Foto von Meredith und Ben mit der riesigen Schlagzeile *Ihr Baby oder ihr Job*. Die *New York Times* brachte zu dem Thema einen seriöseren Meinungsartikel von Linda Ellerbee, ebenfalls Journalistin und Mutter, die zu einer Kompromissmeinung neigte. Don Hewitt brauche und verdiene eine Vollzeit-Korrespondentin, schrieb sie. Andererseits betonte sie: »Unternehmen registrieren nicht alles so genau. Kinder schon … Ich bewundere Meredith Vieira dafür, dass sie keine Angst hat, ihre Karriere auf Eis zu legen, um Mutter zu sein.«

Gabriel Anthony Cohen zog im August 1991 bei uns ein. Gabe war das Resultat aufreibender Wehen und einer schweren Geburt: ein hartes Stück Arbeit. Die Wehen begannen gegen Abend und dauerten bis zum Morgengrauen. Ein weit über zwei Zentner schwerer Anästhesist kletterte schließlich im Kreißsaal auf den Tisch und beugte sich über Meredith, um Gabe regelrecht aus dem geschwollenen Leib seiner Mutter zu schieben.

Bis zum heutigen Tag tut Gabriel die Dinge gern auf seine eigene unverwechselbare Art. Der Junge hört auf eine Marschtrommel, die ich nicht immer hören kann. Gabe ist das mittlere Kind, genau wie sein Vater. Ich kann mich mit seiner Position in der Familie vollauf identifizieren. Gabe stellt allmählich fest, dass ein Kind, das in der Zwickmühle zwischen dem ältesten und dem jüngsten sitzt, sich im chronologischen Familien-Sandwich mitunter fehl am Platz fühlt.

Das mittlere Kind darf zusehen, wie das älteste die Vorrechte bekommt und das jüngste verhätschelt wird. Das Kind in der Mitte sieht nach beiden Seiten und merkt, dass es um etwas betrogen worden ist. »Ich komme mir vor wie adoptiert«, beschwerte ich mich vor vielen Jahren bei meinem Vater. »Bist du auch«, lachte er. Ich fand das wie üblich weniger komisch als mein alter Herr.

Nach Gabes Geburt wurde Meredith zu den Frühnachrichten verbannt. Ich ging zu CNN, um Kandidaten für den Präsidentschaftswahlkampf 1992 zu porträtieren. Danach produzierte ich gemeinsam mit meinem Kumpel Ken Bode, der vorher für die NBC News und die PBS-Sendung *Washington Week in Review* gearbeitet hatte, eine CNN-Dokumentarsendung über den demokratischen Präsidentschaftskandidaten Bill Clinton. Unsere Tochter Lily Max, die nach der Amtseinführung eintraf, erlöste Meredith von ihrem Frühaufsteherjob. Bald darauf kehrte sie CBS endgültig den Rücken. Ihr instinktives Gefühl für familiäre Werte war beruhigend. Jedes Mitglied der Familie war ein unentbehrlicher Mitspieler, und das Ganze, die Familie selbst, war mehr als die Summe seiner Teile.

Jeder, der mit einer chronischen Krankheit zu kämpfen hat, weiß um die Bedeutung der familiären Unterstützung und kennt auch die grundlose Angst, verlassen zu werden. Diejenigen von uns, die mit einem solchen Leiden ringen, können auf den Gedanken oder zu der Befürchtung kommen, dass wir unsere Familien emotional auslaugen und mehr nehmen, als wir geben können. Solche Ängste sind das psychologische Gepäck, das wir mit uns herumschleppen müssen. Nur zu oft sind wir blind für die Tatsache, dass wir selbst in unserem Schmerz unseren Lieben auch etwas zu geben haben und nicht nur nehmen.

Es ist inzwischen fast ein Reflex. Sofern ein Kind in der Nähe ist, wenn ich gerade einen schlechten Augenblick habe und meine Wut und Frustration an mir selbst auslasse, versuche ich, das Gleichgewicht wiederherzustellen, indem ich meinen jugendlichen Zeugen in irgendeiner Weise konstruktiv beschäftige. Ich muss dafür sorgen, dass dieses Kind so rasch wie möglich meine bessere Seite zu sehen bekommt.

Als ich neulich ausrutschte und die letzten paar Stufen in die Diele hinunterfiel, entschlüpfte meinen Lippen ein spontanes »Verdammt noch mal!« Dann sah ich Lily, die sich um die Ecke im Wohnzimmer aufhielt und sich nicht weiter um mich kümmerte. Für sie war das ganz normaler Alltag, aber ich zog sie trotzdem hinüber zum Klavier, um ihr zu zeigen, wie man das Beethoven-Stück *Für Elise* spielt, mit dem sie Probleme hatte. Auch wenn meine Hände nicht allzu gut funktionieren, kapierte sie doch, worauf es ankam. Wir waren wieder auf dem rechten Gleis.

Ich trieb mich noch ein Jahr lang beim Fernsehen herum und versuchte, mir über meine Welt klar zu werden und der harten Tatsache ins Auge zu sehen, dass die kleinen Aufgaben des Lebens für mich immer größer und schwieriger wurden. Mein rechtes Bein war so schwach geworden, dass ich es nicht mehr heben konnte. Wenn ich es im Sitzen über das linke schlagen wollte, musste ich es mit den Händen anheben und über das andere Bein legen. Auf der Straße führte diese Schwäche immer wieder dazu, dass ich in die Gosse stürzte, weil mein Fuß am Bordstein hängen blieb, oder dass ich über Unebenheiten des Bürgersteigs stolperte und flach aufs Gesicht fiel. Als ich 1994 zu Fox ging, um die Sparte »Politische Kommunikation« des neu gegründeten Kabelsenders fx zu übernehmen, waren peinliche Stürze auf offener Straße für mich längst an der Tagesordnung.

Doch nicht nur mein Bein wurde taub. Ich konnte meinen Arm nicht mehr über den Kopf heben, um ein Taxi herbeizuwinken. Und meine rechte Hand war völlig außer Gefecht. Meine Handschrift war unleserlich geworden. Ich unterzeichnete Schecks mit den Initialen meiner beiden Vornamen, weil es zu schwierig geworden war, meinen Namen komplett auszuschreiben. Zähneputzen und Rasieren wurden zu beschwerlichen Unterfangen. Das Kämmen war eine Tortur. Regelmäßig nahm ich mir vor, mir einen Bart wachsen zu lassen, was nur dadurch vereitelt wurde, dass meine Erscheinung mit dreifarbiger Gesichtsbehaarung zu beunruhigend wirkte. Ich war halt kein Ulysses S. Grant.

Ich begann, mich als reduzierten Menschen zu sehen und mich selbst dafür verantwortlich zu machen. Solche Selbstanklagen hatten keinen Sinn, aber es war ein emotionales Verhaltensmuster, gegen das ich ewig ankämpfen würde. Am meisten beunruhigte mich, dass meine Kinder das alles mit ansahen. Ich bewegte mich auf das Stadium zu, in dem die Krankheit nicht mehr verheimlicht werden oder ich mich einfach herausreden konnte. Ich war mit den roten Buchstaben MS gebrandmarkt. Meine Richtschnur hatte lange gelautet: Nicht lügen und die Wahrheit nicht zu offen sagen. Diese Vorgehensweise hatte sich nun überlebt.

KAPITEL 9

Schluss mit den Geheimnissen

An dem Abend, an dem es mich rückwärts die Treppe hinunterkatapultierte, sodass ich mit dem Kopf in der Diele aufschlug, war ein kleines Publikum versammelt, das entsetzt nach Luft schnappte und zurückwich. »Alles in Ordnung, Dad?«, rief Ben zaghaft aus sicherer Entfernung. Die Kinder waren geschockt. Sie waren kurz vor dem Zubettgehen Augenzeugen dieses Vorfalls geworden, und wie vorauszusehen war, sickerte das Familiengeheimnis an diesem Abend endlich in die kleinen Betten durch.

»Mom, sag es mir. Was ist hier los?«, lautete Bens unverblümte Forderung. Kein Drumherumgerede mehr, das war seine dringliche Botschaft. Die Bestürzung war groß und die Fragen ernst. Die Kinder waren alle noch unter zehn, und sie hatten Angst. Lange Zeit hatten diese Kinder kaum etwas von meinen körperlichen Problemen gewusst, aber sie merkten, dass irgendetwas nicht in Ordnung war. Meine Sehbehinderung war unübersehbar, wenn wir auch so selbstverständlich damit umgingen, dass schlechtes Sehen einfach Teil meiner Persönlichkeit zu sein schien. Einmal lachte Ben und erklärte einem Freund: »Mein Dad kann überhaupt nichts sehen.«

Aber wir hatten ihnen nie etwas Genaueres über die MS erzählt. Meredith und ich fanden, dass sie ein Anrecht auf eine möglichst sorglose Kindheit hatten, soweit dies in unserer Macht stand. Doch nun merkten sie allmählich, dass mehr als nur meine Sehkraft beeinträchtigt war. Mein Stolpern war häufig und augenfällig.

Der Abend des Treppensturzes wurde zum Moment der Wahrheit. Meredith sagte mir später, die Heimlichtuerei ließe die Realität nur noch bedrohlicher erscheinen. »Es war an der Zeit, ihnen etwas zu sagen«, erinnert sie sich. »Die Kinder waren völlig verstört.« Meredith übernahm diese Aufgabe. Das *M*-Wort wurde ausgesprochen, obgleich die Multiple Sklerose den Kleinen natürlich kein Begriff war. Der Krankheit einen Namen zu geben, würde, wie Meredith meinte, die Vorfälle entmystifizieren und den Vorgang der Auseinandersetzung mit ihrem Daddy beschleunigen, eine Aufgabe, die für diese Kinder aus vielerlei Gründen wahrscheinlich nie ein Ende haben wird.

Die Offenheit fühlte sich richtig an. Meine Kinder waren alt genug, um die Wahrheit zu erfahren. Und die Wahrheit nahm den Druck von uns allen. Krankheit zu verheimlichen, bringt niemandem etwas. Die Türen weit aufzustoßen, machte es den Kindern möglich, sich mit einem körperlich beschädigten Elternteil anzufreunden, und dies erwies sich als heilsam. Meine Kinder haben die positive Erfahrung gemacht, dass körperliche Perfektion weniger wichtig ist als Toleranz und Liebe. Ich werde nie perfekt sein, und das Gleiche gilt für unsere Kinder, was auch immer ihre Mutter zu glauben scheint. Das Geborgenheitsgefühl meiner Kinder scheint sich auf unsere Liebe zu stützen und auf die Gewissheit, dass sie über wichtige Vorgänge in unserem Haus immer Bescheid wissen werden.

Diese Offenheit daheim bewirkte, dass ich meine Einstellung veränderte und auch in der Öffentlichkeit ehrlicher war. Bei fx, dem neuen Fox-Kabelsender, bei dem ich als leitender Produzent arbeitete, war der Boden des Fernsehstudios mit Kabeln übersät, die sich durch den voll gestopften Raum schlängelten. Ich stolperte bei meiner Arbeit immer wieder über diese Gummireptilien, weil ich meinen rechten Fuß nicht weit genug anheben konnte. Und ich stürzte nach wie vor auf den Straßen New Yorks. Ich hatte die als Nachrichten getarnte Fernsehunterhaltung satt, und mein Gesundheitszustand verschlechterte sich immer weiter. Ich wollte mit dem Fernsehen und der MS nichts mehr zu tun haben. Doch nur eines davon konnte ich loswerden.

Fünfundzwanzig Jahre nach meiner Entscheidung für die Fernsehnachrichten als Berufsweg und Berufung verließ ich die Branche. Der Abschied war weder süß noch bitter. Es gab keine Positionen mehr, in denen ich mich heimisch fühlte, und ich war es leid, mich bei Leuten, die mich nicht einstellen wollten, um Jobs zu bewerben, die ich nicht haben wollte.

Bill Moyers, der sich mein Wüten und meine Frustration immer wieder anhören durfte, hatte kopfschüttelnd zu mir gesagt: »Du kannst niemals aus der Nachrichtenbranche aussteigen, Richard. Es ist deine Berufung.« Eine Berufung. Und ich war der Rufer in der Wüste. Mein Messiaskomplex hatte sich abgenutzt. Die Welt würde ohne mich gerettet werden.

Meine wacklige Gesundheit und insbesondere meine wackligen Beine führten zu einer weiteren umwälzenden Entscheidung. Ich brauchte einen Spazierstock. Einen Stock. Die endgültige Krücke. Es war meine Entscheidung; niemand hatte mir gesagt, ich solle mir einen Stock zulegen, kein Arzt hatte verkündet, es sei an der Zeit. Lediglich der gesunde Menschenverstand ereilte mich. Ich hatte zu viel Zeit damit zugebracht, auf Straßen zu stolpern, auf Treppen zu stürzen. Meine Wutausbrüche wurden selbst mir langweilig. Schon das Gleichgewicht zu wahren, wurde immer mühsamer. Es war höchste Zeit, mir Hilfe zu verschaffen.

Ich ging eines Tages über die West 57th Street, um etwas zu besorgen, und blickte über die belebte Straße auf die Carnegie Hall, ohne irgendwelche revolutionären Veränderungen meines Lebens zu planen. Dann blieb ich wie angewurzelt stehen. Ich stand direkt vor Uncle Sam's, einem berühmten, alteingesessenen Geschäft für Schirme und Spazierstöcke (das inzwischen geschlossen wurde). Eine Weile stand ich da und starrte bloß sinnend in die großen Schaufenster. Dann trat ich rasch durch die Tür.

»Dieses Geschäft gibt es schon, seit Grant Präsident war«, erzählte mir der betagte Inhaber. »Haben Sie damals schon hier gearbeitet?«, fragte ich. Der weißhaarige Herr lächelte und nickte. »Was für eine Art von Schirm suchen Sie?« Einen Moment lang war ich sprachlos. »Ich brauche einen Stock«, sagte ich ruhig. »Einen Stock?«, fragte er. »Wollen Sie so alt aussehen wie ich?« Das werde ich schon bald, dachte ich.

Nach Anschaffung des Stocks kam ich mir eine Zeit lang wie ein Exhibitionist vor, der seine Probleme öffentlich zur Schau stellt. Mein neuer hölzerner Stock war in meinen Augen eine Neonreklame, die meine Verletzlichkeit für jeden weithin sichtbar machte. Nach 13 Jahren MS warf ich in meinem langen Kampf gegen jedes Eingeständnis von Schwäche endlich das Handtuch.

Die Erleichterung war enorm, geradezu berauschend. Die unausgesprochene Lüge hatte sich in Luft aufgelöst. Ich war, was ich war, und es machte mir nichts mehr aus. Die ehrliche Erklärung, warum ich im Besitz eines Stocks war, ging mir leicht über die Lippen. Noch wichtiger: Mit meinem Selbstbetrug war es vorbei, weil er mir nicht mehr möglich war. Ich war mit der Verleugnung weit gekommen. Doch den Rest des Wegs würde ich mich von der Realität tragen lassen.

Erst als ich den Stock zur Hand nahm, wurde mir klar, wie viele irrige Annahmen über mich im Umlauf waren. Meine Gleichgewichtsstörungen hatten so manchen zu der Überzeugung gebracht, ich sei ein gewöhnlicher Alkoholiker. Ich schwankte und taumelte, als ob ich mir schon am Morgen einen großzügigen Schuss Whisky in mein Müsli gösse. In Verbindung mit der leicht verwaschenen Aussprache, die sich bei mir einschleicht, wenn ich müde bin, machte mich dies in den Augen der Welt zum Säufer.

Einmal wurde mir am helllichten Nachmittag in einem Spirituosengeschäft, in dem ich eine Flasche Wein zum Abendessen kaufen wollte, die Bedienung verweigert. »Sie fühlen sich nicht gut«, sagte der Kassierer besänftigend. »Sie sollten nach Hause gehen.« Ich war empört über diese Unterstellung. Es passierte regelmäßig, dass mir am Abend die Polizei von der Bahnhaltestelle den Hügel hinauf folgte, vermutlich, um zu sehen, ob ich in meinem betrunkenen Zustand unbeschadet nach Hause torkeln konnte. Eine Nachbarin fragte Meredith, was mir fehlte, nachdem sie bei einem Fußballspiel das erste Mal meinen Stock gesehen hatte. Sie war erleichtert über die Antwort. »Was, er hat nur MS? Wir dachten, er hätte ein Alkoholproblem«, gab sie zu.

Der Stock gab mir das Gefühl, gealtert zu sein, aber er ist mir zum ständigen Begleiter geworden, dessen Wert mit jedem Schritt deutlicher wird. Der Stock bildet das dritte Bein meines menschlichen Stativs und ist eine wichtige Stütze. Inzwischen sind sieben Jahre vergangen, seit wir unsere Kräfte vereint haben, und ich gehe nicht mehr ohne ihn aus dem Haus. Das schnittige, ja geradezu elegante, glänzende Instrument ist zu einem Teil meiner Identität geworden. Wohin ich auch gehe, der Stock geht mit. Er ist inzwischen ein selbstverständliches Element meines Selbstbilds.

Der Stock führte mich zögerlich zur Erleuchtung. Endlich begann ich einzusehen, dass fortschreitende Krankheiten fortschreiten. Dies war echt und wohl von Dauer. Selbst ich konnte die Veränderungen meines Körpers und meine zunehmenden Schwierigkeiten, einwandfrei zu funktionieren, nicht mehr ignorieren. Solange es niemand wusste, existierte die Krankheit nicht. Am Rande des Abgrunds zu leben, hatte lange Zeit funktioniert, aber damit war es jetzt vorbei. Wo ich früher von Beirut nach Peking und von Warschau nach Washington gejettet war, konnte ich heute nur hoffen, mit der U-Bahn-Linie 1 den Broadway hinunter von Punkt A nach Punkt B zu gelangen, ohne zu stürzen, mich umzubringen oder mich auf andere Weise zu blamieren. Die Entscheidung, meine Ansprüche an mich selbst zurückzuschrauben, wurde zu einer Kampagne für mehr Realitätssinn, die letztlich befreiend wirkte.

Das einzige Geheimnis, das mir blieb, war die Tatsache, wie schwierig das Alltagsleben tatsächlich für mich geworden war. Ich fühlte kein Selbstmitleid, sah aber auch keinen Sinn darin, diese Erkenntnis in allen Einzelheiten vor anderen auszubreiten. Trotz aller Probleme mit meinen Gliedmaßen konzentrierte sich meine Erfahrung mit der Multiplen Sklerose nach wie vor auf meine Augen. Augen, so heißt es, sind das Fenster zur Seele. Verletze meine Augen und du verwundest mein innerstes Sein. Auch hier ist vor allem Geduld angesagt. Doch man braucht mehr als bloße Geduld, um mit einer so schweren Sehbehinderung fertig zu werden. Man muss all seine Erwartungen an das Leben neu ausrichten, was eine schmerzliche, aber notwendige persönliche Entdeckungsreise bedeutet. Andere Sinne müssen neu geschult werden, von den Ohren über die Finger bis zur Nase.

Das Leben ist sehintensiv. Ich sehe das jeden Tag, wenn auch durch eine schadhafte Linse. Die Straßen von New York sind am frühen Morgen besonders reizvoll, wenn das Sonnenlicht von in den Himmel ragenden Gebäuden reflektiert wird, bevor sich am Boden der Verkehr verdichtet und die Fußgänger an Auspuffgasen zu ersticken beginnen. Um diese Zeit sind nur wenige Menschen auf der Straße. Die meisten Läden hatten noch gar nicht geöffnet, als ich hier eines Tages zu einem frühen Routinetermin bei meinem Anwalt unterwegs war. Als ich so über die Seventh Avenue an der Carnegie Hall vorbeischlenderte und um eine Ecke bog, erblickte ich ein Café und ging hinein, um einen Bagel zu essen.

Mir wurde klar, dass ich in der Küche stand, als ich die schwitzenden Männer in weißen Schürzen sah, die die Backöfen beschickten. Links erspähte ich die Tür zum Caféraum und steuerte sie an. Als ich darauf zuging, sah ich einen Mann, der von der anderen Seite auf die Tür zukam. Ich trat nach links, um ihn vorbeizulassen. Er wählte die gleiche Richtung. Ich trat nach rechts. Der Typ machte die gleiche Bewegung. Offenbar handelte es sich um einen dieser New Yorker, die dauernd Streit suchen. Ich blickte mit zusammengebissenem Kiefer und aufsteigendem Zorn auf und war im Begriff, dem Typ zumindest die Meinung zu sagen.

Und da stand ich nun, vor Wut bebend, die Faust geballt, vor einem mannshohen Spiegel und führte einen Tanz mit mir selbst auf, bereit, mich mit einem nunmehr vertraut erscheinenden Burschen zu schlagen, der die Jacke trug, die ich keine Stunde zuvor angezogen hatte. Die Männer an den Öfen hielten inne, um meine Darbietung schweigend zu beobachten. Ihre herunterhängenden Kinnladen signalisierten stummes Erstaunen.

Wenn ich so von meinen unter- und überirdischen Abenteuern in der großen Stadt erzähle, klingt es leicht nach einem Klagelied. Das soll es nicht sein. Abenteuer sind eine tolle Sache, und so ist mein Leben nun mal. Man kann sich nicht darauf konzentrieren, mit etwas zurechtzukommen, wenn man sich nicht eingesteht, womit man zurechtkommen muss. Meine Kücheninszenierung war eine einmalige Vorstellung. Aber die Show geht weiter. Die Tragikomödie demonstriert nur exemplarisch, welche Missgeschicke stark sehbehinderte Menschen auf Schritt und Tritt begleiten.

In diesen relativ harmlosen Zwischenfällen paart sich einen Augenblick lang die Wut über meine weit gehende Blindheit mit meinem Lachen über diese absurden Ereignisse. Wir, die wir mit einer starken Sehbehinderung leben, sehen unsere Welt auf sehr wunderliche Weise. Unsere emotionalen Reaktionen darauf schwanken, je nachdem, wie blöd wir glauben dazustehen und wie verletzlich wir uns zum jeweiligen Zeitpunkt gerade fühlen.

Schüchternheit und Befangenheit habe ich nach und nach überwunden; sie sind einer ungenierten Nonchalance gewichen, mit der ich heutzutage in missliche Situationen hinein- und manchmal auch gegen eine Wand marschiere, und mit der ich viel Zeit orientierungslos zubringe. Einfach nur zu lernen, um Hilfe zu bitten oder nach dem Weg zu fragen, hat mich viel Mühe gekostet, aber die Fähigkeit, beides zu tun, ist zu einem unschätzbaren Bestandteil meiner Bewältigungsstrategie geworden. Das Beste davon hebe ich mir für den Untergrund auf.

In der Anfangszeit meiner Sehkraftverschlechterung beschränkte ich meine Fortbewegung aufs Busfahren. Erst nach und nach erwarb ich die Fähigkeit, auch im New Yorker U-Bahn-Netz zu überleben, eine Bewährungsprobe für jeden Sehbehinderten. Es bietet jede nur vorstellbare Herausforderung, von der Gefährdung der körperlichen Unversehrtheit bis hin zum Risiko, an einem völlig unbekannten Ziel zu landen.

Meine regelmäßigen Streifzüge in die U-Bahn werden zum Abstieg in einen unheimlichen Nebel, in dem sich verschwommene menschliche Gestalten rasch fortbewegen. Ich habe schon Mühe, mich auf den Beinen zu halten und zu sehen, wo ich hingehe. Ich bin schon mit Pfählen kollidiert, gestolpert, Treppen hinauf- und hinuntergefallen. Oft kann ich die Zahlen oder Buchstaben auf den einfahrenden Bahnen nicht lesen.

Jedes Licht da unten schreit: »Vorsicht!« Ich setze meine übrigen Sinne als heimliches Leitsystem ein. Meine Ohren sagen mir, wann eine Bahn einfährt, wann es neben mir auf dem Bahnsteig Streit gibt. Meine Nase sagt mir, wo ich mich besser nicht hinsetze. Manche Fahrgäste der U-Bahn wohnen auch da unten, schlafen in den Bahnen oder hinter Abfalleimern, schnorren sich durch und tragen ihre Dunstschwaden mit sich herum, nicht die angenehmsten Reisegefährten für einen Ausflug mit der Linie 1.

Die erste Regel in der U-Bahn lautet: Niemals Blickkontakt aufnehmen. Das gilt selbst für Menschen mit so starker Sehbehinderung, dass sie schon gebannt hinstarren müssen, um die Bilder des Lebens überhaupt aufnehmen und interpretieren zu können. Eine Frau anzugaffen, kann als Anbändelungsversuch oder Schlimmeres missverstanden werden.

Überirdisch geht der Zirkus weiter. Durch die Stadt zu gehen, ist ein Spießrutenlauf. Ich muss auf meine Füße schauen, damit ich nicht über Unebenheiten des Pflasters stolpere. Ich muss den Verkehr im Auge behalten, weil ich mich langsam über die Straße bewege. Trotzdem bin ich vielleicht der einzige offiziell Blinde der Stadt, der verkehrswidrig außerhalb gesicherter Übergänge über die Fahrbahn läuft. Mein Radar ist technisch perfektioniert, meine Ohren leiten mich und helfen mir, die Geschwindigkeit der Autos anhand der Motorgeräusche einzuschätzen. Hier ist der Blickkontakt lebenswichtig. Ich fixiere die Autofahrer mit unnachgiebig starrem Blick. Wagt es bloß nicht, mich zu überfahren! Sie geben immer nach. Bisher. Adressen ausfindig zu machen, ist weniger spaßig. Ich verrenke mir den Hals bei der Suche, wechsle von einer Straßenseite zur anderen und stolpere dabei über Bordsteinkanten.

Ich komme schließlich an. Ich muss mich nur etwas früher auf den Weg machen. Meine Welt zu bereisen, ist ein endloser Hindernislauf, ein ständiger Kuhhandel mit mir selbst. Ruhe bewahren, so lautet die Abmachung. Mit Behinderungen zu leben, erfordert stoische Entschlossenheit. Ich habe zu einer ruhigen Geduld gefunden, die ich früher nie besaß. Die Fähigkeit, über meine komischen Missgeschicke zu lachen, ermöglicht es mir, ans Ziel zu gelangen, und sorgt gleichzeitig für unterhaltsames Straßentheater.

Ich kämpfe darum, mit dem Gepäck, das ich nun einmal überall mit mir herumschleppe, einen Grundpegel an Wohlbefinden zu erreichen. Mein Zustand ist kein Geheimnis. Ich habe so viel über meine Scharmützel mit Krankheiten gesprochen und geschrieben, dass ich jeden Anspruch auf Privatsphäre verwirkt habe. Eine solche Privatsphäre bleibt denen vorbehalten, die sich nicht durchringen können, Einschränkungen zu offenbaren, welche sie sich selbst nicht eingestehen wollen.

Ich gestehe sie ein, und Meredith tut es auch. Als Meredith bei *The View* landete, wurde rasch klar, dass sie ihr ganzes Leben auf Sendung bringen würde. Wir sprachen darüber, ob und wann sich diese Offenheit auch auf meine Krankheit erstrecken sollte.

»Die Entscheidung liegt bei dir«, sagte Meredith mit einem Achselzucken, »aber darüber zu sprechen, würde die Krankheit entmystifizieren und vielleicht anderen helfen, die im gleichen Boot sitzen.« Ich druckste herum und sagte, sie solle es halt tun, wenn ihr danach zumute sei. Und das war es von Zeit zu Zeit. Seitdem ziehen wir mit der Begeisterung frisch Bekehrter große Befriedigung aus diesen beiläufigen, vor laufender Kamera abgelegten Bekenntnissen zur Multiplen Sklerose.

Im Laufe ihrer sieben Jahre bei *The View* ist Meredith in dem, was sie über mich erzählt, weit über die MS hinausgegangen, und ich habe oft genug mein Fett abgekriegt. Meredith hatte ein Grundthema gefunden: Mich. Und sie war wirklich witzig. Ich wurde ihr exzentrischer Mann, nicht ihr beklagenswerter Ehekrüppel. »Je mehr sie über mich lästert, desto weniger Leute kommen auf die Idee, mich zu bedauern«, denke ich.

»Richard würde auch mit einem Schinken-Sandwich schlafen«, sagt sie in ihrem unbekümmerten, beiläufigen Tonfall zu Millionen Zuschauern im ganzen Land. Das würde ich natürlich nicht, obwohl ein Steak-Sandwich vielleicht ganz nett wäre. Wir machten unsere Probleme öffentlich und ignorierten sie demonstrativ. Und hatten dabei ein gutes Gefühl. Das einzige Problem, das mit der MS zusammenhing, Privatsache blieb und sich nicht ignorieren ließ, war das, was ich an meiner Krankheit am wenigsten verstand. Gegen Mitte der Neunziger waren kognitive Probleme zum bedrohlichsten, wenn auch unauffälligsten meiner MS-Feinde geworden. Außenstehende sehen die Gehstöcke und Rollstühle und können viele der Probleme erkennen, aber was sie nie wirklich verstehen können, sind die schleichenden, heimlichen Qualen eines Gehirns, das allmählich aufhört, so zu funktionieren, wie es sollte.

Das ist für die Außenwelt nicht offensichtlich. Selbst unseren Lieben, die uns am nächsten stehen, fällt es schwer, diese Probleme zu erkennen. Die Veränderungen erfolgen langsam und sind oft subtil. Wenn sich meine Sprechweise durch die mühsame Suche nach Worten verlangsamt, wedelt Meredith, die sich durch dieses Problem verwirrt und bedroht fühlt, mit den Händen und versucht, mir die Wörter aus der Nase zu ziehen. Mach schon, scheint sie zu sagen. Bitte. »Entspann dich«, sage ich zu ihr. »Das hier ist das wirkliche Leben, keine Fernseh-Talkshow.«

Ich suche nach einer sicheren Brücke über die schwarzen Löcher, die dunklen und stummen Nischen des Gehirns. Wo einst die Präzision klarer Wörter, Informationen oder Ideen war, kommt es jetzt zu Stockungen und Sprechpausen. Leerstellen. Ich kann nicht tief genug in mein Inneres hineinreichen, um sie unversehrt hervorzubringen, oder zumindest nicht rechtzeitig, um mein Argument anzubringen.

Kleinere Verwirrungen führen zu großer Frustration. Das richtige Handeln in jedem alltäglichen Kontext erfolgte einst routinemäßig, ja automatisch. Jetzt können solche Überlegungen mich völlig aus der Fassung bringen, als ob es um irgendetwas Weltbewegendes ginge. Ein früherer Kollege pflegte immer zu sagen, mein Schneider hieße wohl Emmett Kelly. Da war schon was dran. Ich bin der am schlechtesten gekleidete Mensch, den ich kenne. Aber inzwischen kann ich mich überhaupt nicht mehr ordentlich anziehen. Ich habe immer das angezogen, was mir gerade in die Hände fiel, und jetzt muss ich feststellen, dass ich nichts anziehen kann, ohne einen inneren Kampf auszufechten.

Ich lege meine Lesebrille auf die Waschmaschine, während ich die Wäsche aus dem Trockner nehme. Mein Blick huscht zwischendurch immer mal wieder zur Waschmaschine, um mich daran zu erinnern, dass die Brille dort liegt. Wenn die ganze Wäsche in den Wäschekorb geräumt ist, beginnt meine verzweifelte Suche nach der Brille. Das ist selbst für mich nicht mehr normal. Ich nehme die U-Bahn vom Hauptbahnhof zum Times Square, um dort in eine Linie zum Stadtrand umzusteigen. Stattdessen finde ich mich auf der Straße wieder und frage mich, was ich dort mache.

Es fällt mir schwer, selbst einfache Aufgaben zu konzipieren. Ich sitze morgens in der Bahn nach New York, bewaffnet mit einem Rucksack, diversen Büchern und Papieren und, natürlich, meinem Stock. Wenn die Bahn in den Hauptbahnhof einfährt und es Zeit wird, aufzustehen, treiben mich die notwendigen raschen Entscheidungen, was ich in welche Hand nehmen soll, zum Wahnsinn. Häufig fällt dabei etwas zu Boden. Das liegt daran, dass ich schon über 50 bin, beruhige ich mich selbst, obwohl ich mir das nicht eine Sekunde lang glaube. Dies hier fühlt sich anders an; es steht in keinerlei Verhältnis zur Herausforderung. Ist das der Preis, den ich für zu viel Spaß in den 1960ern zahle? Ich glaube kaum.

Bei 50 Prozent der MS-Patienten kommt es zu kognitiven Störungen, doch wenn ich am Computer sitze, meinen Gedankenfaden verliere und plötzlich nicht mehr weiß, wie selbst die einfachsten Wörter buchstabiert werden, fühle ich mich wie der Einzige, der dieses Problem hat.

Es gibt wenig, was man tun kann, um Wege aus dieser Dunkelheit zu finden. Wenn die Kinder ihre Mutter um Hilfe bei den Hausaufgaben bitten, ist es nur zu offensichtlich, warum sie einen Bogen um mich machen. Ich finde mitunter selbst einfache Anweisungen verwirrend. Bald ist es so weit, dass die Kinder mir helfen. Meine Frustration nährt die ihre.

Lily stöhnt auf, wenn sie über ihren Hausaufgaben sitzt und mich näher kommen sieht. »Ich komme klar, Dad. Ehrlich«, versichert mein kleines Mädchen, um bald danach leise nach ihrer Mutter zu rufen: »Mom, ich brauche dich.« Mein Gefühl der Hilflosigkeit werde ich nicht mehr los. Es ist demütigend, neben einem Kind zu sitzen, das nach seiner Mutter im Nebenraum ruft, um eine Antwort zu bekommen, die sie ebenso gut von mir hätte haben können. Auf meine kognitiven Verfehlungen steht als Strafe die unbeabsichtigte Kränkung, gefolgt von bohrenden Selbstzweifeln. Hier geht es nicht mehr um mein Bein, meinen Fuß oder meine Hand, sondern um meinen Verstand.

Die schreckliche Möglichkeit eines beschränkten Denkvermögens bringt eisige Furcht mit sich, die sich nicht abschütteln lässt, aber auch eine noch stärkere Entschlossenheit, meinen Sinn für Humor gut in Schuss zu halten.

Ansonsten habe ich mich, wenn auch langsam, auf die Multiple Sklerose eingestellt und sehe die Krankheit jetzt als etwas, das mit mir zusammen in meinem Körper wohnt. Ich glaube mittlerweile sogar, dass ich durch das Gepäck, das ich durchs Leben schleppen muss, vielleicht zu einem besseren oder gar sanftmütigeren Menschen geworden bin. Der Weg mag hart sein. Er ist aber auch stimulierend. Wenigen Menschen ist es gegeben, um so hohen Einsatz zu spielen und dabei so viel über sich selbst zu erfahren. Der Feind des Lebens heißt nicht Leiden, sondern Langeweile, und mein Leben ist nicht langweilig. Krankheit bildet ungemein.

Meine Freunde schütteln den Kopf, wenn sie mich so penetrant positiv daherreden hören. Es macht sie wahnsinnig. Sie betrachten meine Gewohnheit, dem Leiden etwas Positives abzugewinnen, als völligen Irrsinn. Ich sage ihnen, dass meine Beschwerden, wenn sie nicht so bedrohlich wären, durchaus ein Gewinn sein könnten. Ich weide mich an ihrem Gesichtsausdruck, wenn ich das sage. Menschen, die ohne ernsthafte Gesundheitsprobleme durchs Leben gehen, haben Glück gehabt. Doch ich habe ein Geschenk erhalten. Glauben Sie es ruhig. Ich kann mir ein Leben ohne Krankheit nicht vorstellen. Aber damit wir uns nicht missverstehen: Dieses Empfinden betäubt die bloßliegenden Nerven nicht.

Mein Rat an mich selbst ist simpel: Bewege dich mit der MS, statt vor ihr davonzulaufen. Diesen Wettlauf mit einer bestehenden Krankheit kann man nicht gewinnen. Sieh der Wahrheit ins Gesicht. Wir kommen mit mehr Würde und Anmut voran, wenn wir den Wind im Rücken haben.

◆◆◆

Wenn das Ende der belastenden Heimlichtuerei auch keinen Seelenfrieden gebracht hatte, lag ich doch zumindest nicht mehr mit mir selbst im Krieg. Ich überlebte einigermaßen gut, und gut zu überleben ist schon ein Sieg. Doch es stand mir noch mehr bevor. Ein zweites Raubtier lag auf der Lauer. Was hinter der nächsten Ecke auf mich wartete, würde sich als verheerend erweisen. Wer schon an einer schweren Krankheit leidet, glaubt sich oft gegen weiteres Unheil gefeit. Doch in meinem Fall erwies sich diese Annahme leider als völlig irrig.

KAPITEL 10

Im freien Fall

Sie wollen das sicher nicht hören«, begann der Internist sein einstudiertes Mantra, »aber Sie sind über 50 und sollten unbedingt eine routinemäßige Darmspiegelung als Vorsorgeuntersuchung machen lassen.« O.K. Der Ratschlag wurde ordnungsgemäß abgelegt. Irgendwo. Ich hatte zu viele Jahre damit zugebracht, ärztliche Ratschläge zu ignorieren, um mir jetzt Sorgen zu machen. Ich hatte zu viele scheußliche Behandlungen über mich ergehen lassen, um mich beim Gedanken an eine invasive Prozedur aufzuregen, die mir vielleicht keinen richtigen Spaß machen würde.

In der darauf folgenden Nacht träumte ich, ich wäre auf einer Party in einem Glashaus mit durchsichtigen Wänden zwischen den Räumen. Die Feier war in vollem Gange; es herrschte lautstarkes Gedränge im Haus. Ich sah mich nach meinem alten Kollegen und Freund Mark um, einem netten Kerl, der wenige Monate zuvor eines schaurigen Krebstodes gestorben war. Ich verspürte ein Gefühl der Dringlichkeit. Ich wusste nicht, warum, aber ich wusste, dass er seinerseits nach mir suchte. Ich irrte herum und schaute durch die Wände, bis ich ihn entdeckte. Unsere Blicke trafen sich.

Mark sah so krank aus, wie ich ihn in Erinnerung hatte, bleich und ausgemergelt, haarlos durch die Chemotherapie. Er trug das rote Halstuch, mit dem er sich gegen Ende seines Lebens geschmückt hatte. Wir gaben uns die Hand und sprachen nicht. Irgendwie brauchten wir nichts zu sagen. Dann war der Traum zu Ende. Am nächsten Morgen war ich so erschüttert, dass ich die Zähne zusammenbiss und einen Termin für die Darmspiegelung vereinbarte.

Die Prozedur wurde an einem windigen Oktobertag 1999 durchgeführt. Der erste Anruf kam, als ich in Houston war, wo ich Dr. Michael DeBakey für eine Dokumentation über medizinische Forschung interviewte. »Ich bin sicher, dass es nichts ist«, sagte DeBakey in seinem bedächtigen, sanften Tonfall, als ich den Anruf nach unserem Gespräch beiläufig erwähnte. Doch etwas sagte mir, dass es anders war. »Wahrscheinlich will Ihr Arzt Ihnen nur mitteilen, dass der Polyp, den er entfernt hat, gutartig war.«

Leider nicht. »Der Polyp war bösartig«, verkündete mein Internist, als er mich in den nächsten Tagen schließlich in Washington erreichte. »Wir haben Sie überall gesucht.« Der Polyp in meinem Dickdarm, von dem der Arzt gesagt hatte, er sei vermutlich harmlos, Sie wissen schon, keine große Sache, war bösartig. Bumm. Lasst die Gedankenspiele beginnen. Die ganze Dialektik der Angst brach über mich herein. Meine Universalthese, wie rosig und lächerlich sie auch sein mochte, hatte mir meine ganzen Kämpfe mit der MS hindurch versichert, dass ich der Kapitän sei und mein Leben dem festgelegten Kurs folgen würde.

Und jetzt kam eine hochexplosive Antithese angerast und kreischte: Alle Mann in die Rettungsboote! Meine Fähigkeit, mein Schiff zu steuern, schien durch noch rauere Gewässer aufs höchste bedroht. Ich wurde zu einem unbekannten neuen Ort davongetragen, der keinem mir bekannten ähnlich war und zudem außer Sicht lag. Das machte mir am meisten Angst: dass ich nicht sehen konnte, was vor mir lag.

Ich kämpfte darum, ruhig zu bleiben und die Fassung zu bewahren. Meredith blieb gelassen, an unheilvolle Szenarien dieser Art schon fast gewöhnt. »Du wirst es nicht glauben«, hatte ich zu ihr gesagt, als ich sie aus dem Zug von Washington nach New York anrief, den ich sofort bestiegen hatte. »Oh, ich glaube es«, sagte sie stoisch. »Wir schaffen das schon.« Am nächsten Tag hatten wir beim Chirurgen einen Termin zur Untersuchung. Kurz darauf legte ich mich unters Messer, wobei der Chirurg mein Steißbein entfernte und sich durch die untere Rückenpartie vorarbeitete. »Aus diesem Winkel ist der mittlere Teil des Mastdarms besser zugänglich«, erklärte er mir später. Ich hatte monatelang Schmerzen.

Die Operation brachte aber nicht nur erhebliche postoperative Schmerzen mit sich, sondern belastete meinen Körper auch so sehr, dass sie neue MS-Schübe auslöste. Krebs und MS vertragen sich nicht gut. Ich hatte Probleme mit dem Gehen und mit meiner rechten Hand. Ich lernte schließlich, mich mit links zu rasieren, das ging ganz gut. Das Zähneputzen war schon schwieriger. Bei einer Nachuntersuchung einige Monate später sagte mir ein Onkologe vom Sloane-Kettering-Krebszentrum, ich könne nach Hause gehen, es sei keine weitere Behandlung erforderlich. »Sie sind zu gesund, um hier zu sein«, versicherte er mir lächelnd. »Raus mit Ihnen.« Das ließ ich mir nicht zweimal sagen. Ich kann Fortuna durchaus erkennen, wenn sie sich mir an den Hals wirft, und als ich die Treppe zur U-Bahn hinunterstolperte, hatte ich das Gefühl, dem Tod von der Schippe gesprungen zu sein.

Beim Verlassen des Krankenhauses begegnete ich Dan Rathers früherer Sekretärin, die später Produzentin bei *West 57th* gewesen war. »Was machen Sie denn hier?«, fragte ich. Tränen stiegen ihr in die Augen. »Ich habe Darmkrebs im dritten Stadium.« Sie drückte mir kurz den Arm und wandte sich zu den Aufzügen. Ich hatte Glück gehabt. Sie hatten den Krebs im Frühstadium entdeckt, und ich war außer Gefahr.

Im Oktober ging ich wieder zur Krebsvorsorge. Die Darmspiegelung war für mich inzwischen schon zur Routine geworden. Als ich am folgenden Montag in mein Büro kam, wartete dort eine beklemmende Nachricht auf mich: Ich sollte den Gastroenterologen anrufen. Das war die ganze Nachricht. Rufen Sie an. Ich saß eine Weile stumm da und starrte auf das Telefon. Ich war sicher, dass die Neuigkeiten schlecht waren. Ich war so weit gekommen, hatte es geschafft, mit der MS zu leben und den Krebs zu schlagen. Doch jetzt war offensichtlich, dass ich nicht gesiegt hatte. Gefasst sagte ich mir, dass ich tun würde, was ich tun musste – wieder einmal. Ich wunderte mich selbst über meine innere Stärke. Wir sind viel zäher, als wir glauben.

Der Krebs war tatsächlich mit voller Wucht zurückgekehrt, an die gleiche Stelle, an der der Chirurg den ersten bösartigen Tumor herausgeschnitten und mich danach für krebsfrei erklärt hatte. Diese Wendung der Dinge war schwer zu fassen, und es schien mir fast unmöglich, sie gelassen hinzunehmen. Ich hatte noch nicht einmal ein ganzes Jahr geschafft. Ich saß nur da, fühlte mich wie gelähmt und starrte auf den Fluss hinaus. Ein Lastkahn kämpfte sich den Hudson hinauf. Es ist, als ob ich ständig gegen die Strömung anschwimmen muss, dachte ich.

Die Entscheidung, wie ich langfristig damit umgehen wollte, fiel umgehend. Für mich gibt es nur eine Reaktion – das Bemühen um persönliche Stärke und Entschlossenheit. Aber der vorausgehende Denkprozess ist nicht unbedingt durchdacht. Es handelt sich eher um einen Reflex, eine Reaktion aus dem Bauch heraus. Wie auch immer das Endergebnis dieses Prozesses sein mag, ich habe festgestellt, dass es den Geist für die Dauer der Krankheit beherrscht und etwas sehr Grundlegendes darüber aussagt, was für eine Art Mensch jemand ist.

Eine Stimme tief in meinem Inneren riet mir, Haltung anzunehmen, Ruhe zu bewahren und mich durchzubeißen. Das hatte nichts mit Tapferkeit zu tun, es ging auch nicht darum, mich in Pose zu werfen, ich wählte einfach nur den Weg des geringsten Widerstandes. Es war ein einsamer Augenblick. Ich fühlte mich wie betäubt, aber entschlossen, zu überleben. Meine Wut herauszubrüllen, hatte keinen Sinn, Jammern und Klagen wären nur Zeitverschwendung gewesen. Das Leben ist nicht fair. Man kann auch niemanden dafür belangen.

Dieses Mal würde die Operation aggressiv sein. Invasiv. Mein ganzer Mastdarm, das Endstück des Darms, in dem der Krebs saß, sollte herausgeschnitten und durch ein von oben heruntergezogenes Stück Darm ersetzt werden. Möglicherweise würde zumindest vorübergehend ein künstlicher Darmausgang, ein Anus praeter, mit Kotauffangbeutel notwendig werden, bis die Nahtstellen verheilt wären. Ich hatte tausend Fragen auf den Lippen, doch Gewissheiten waren Mangelware.

In den Wochen vor der Operation hatte ich viel zu tun, mit meiner Familie und in meinem eigenen Kopf. Ein Donnerschlag folgte auf den anderen. »Das CT zeigt einen Fleck auf Ihrer Leber.« Bumm. Das schlug ein wie der Blitz. Es war nicht die Eröffnung, die man von einem Chirurgen erwartet, der mich, wie ich gedacht hatte, auf etwas ganz anderes vorbereiten sollte. Ich musste mich schon mit dem Darmkrebs auseinander setzen, jetzt redete der Mann in Grün auch noch von möglichem Leberkrebs. Alles, was der Chirurg danach noch sagte, rauschte ungehört an mir vorbei. Mein Herz war mir in die Schuhe gerutscht, und der Tumult in meinem Kopf war ohrenbetäubend. An jenem grauen Novembertag in diesem frostigen Untersuchungsraum spürte ich die bange Anwesenheit meiner eigenen Sterblichkeit.

Wieder einmal hieß es, Ruhe bewahren. Dies war eine Zeit intensiver Auseinandersetzung mit mir selbst. Doch die Wahrnehmung der Bedürfnisse anderer, vor allem der Kinder, musste in den Vordergrund rücken. An meine Kinder zu denken, machte es mir leichter, über mich selbst nachzudenken. Weil es mir eine Perspektive bot. Wir sind eine Familie, und dies war ein gewaltiges, vertracktes Päckchen, das wir zu tragen hatten. Es kam jetzt darauf an, mein inneres Gleichgewicht zu wahren, meine fünf Sinne zusammenzunehmen und sie so eng bei mir zu halten wie meine Kinder.

Wer am Boden liegt, kann nicht kämpfen. Steh auf, sagte ich mir. Viel zu viele Menschen versuchen, zu kämpfen, während sie flach auf dem Rücken liegen, sodass letztlich nur ein hilfloses Zappeln dabei herauskommt, wie bei einem Fisch auf dem Trockenen. Menschen verfallen leicht in Panik und unterschätzen ihre inneren Reserven. Wer Schmerzen leidet, ist oft außerstande, seine eigene emotionale Stärke zu sehen, außerstande, auch nur das Blau des Himmels zu sehen. Ich entschied mich, den Krebs anzunehmen. Er war jetzt ein Teil von mir. Warum sollte ich das Risiko eingehen, ihn herauszufordern? Ich wollte die Krankheit verstehen. Die Bestie zähmen. »Halte deine Freunde nahe bei dir«, riet der Pate, »aber deine Feinde noch näher.«

Der Krebs war der Feind vor den Toren, der Chirurg mein Oberbefehlshaber. Der Fleck auf meiner Leber habe vermutlich nichts zu bedeuten, sagte er mir, vielleicht ein Überbleibsel einer alten Sportverletzung oder eine gutartige Zyste. »Diese Geräte zeigen alles, jede kleine Schramme an der Stoßstange«, erklärte mir der Radiologe. Das beruhigte mich nicht.

Aber ich geriet nicht in Panik, entweder weil ich mir geistesgegenwärtig die Einstellung »Abwarten und Tee trinken«

zulegte oder weil ich in noch tiefere Verleugnung verfallen war als bei der MS. So oder so war mir klar, dass die Wahrheit nur zu bald an die verschlossene Tür klopfen würde.

Viel zu wissen, ist mir immer wichtig gewesen. Aber jetzt wusste ich mal wieder nichts. Dieser Mangel an Wissen fühlte sich beängstigend an, weil Emotionen die Lücke zu füllen drohten. Es schien mir, als sollte ich von Emotionen in dem Augenblick besser die Finger lassen. Ein Informationsvakuum ist ein willkommenes Versteck und bietet der Panik nur wenig Nahrung.

Ich hatte das bestimmte Gefühl, dass nichts Bösartiges in meiner Leber hauste. Die Blutwerte waren normal. Ich zeigte keinerlei Symptome von Leberkrebs. Ich hatte nichts falsch gemacht. Niemand war besonders zornig auf mich. Und ich hatte es nicht verdient, zu sterben. Meine Logik war vielleicht eigenartig, aber in meinen Augen völlig klar.

»Um auf Nummer sicher zu gehen, sollten wir eine PET-Untersuchung machen«, sagte der Chirurg. Ein haarsträubender Besuch im dunklen Keller der Klinik, wo imposante Hightechmaschinen vor sich hinsurrten und in aller Stille in die Privatsphäre von Prostatapatienten vordrangen, sollte das Geheimnis lüften. PET steht für Positronen-Emissions-Tomografie, eine der modernsten Diagnosemethoden der Hightechmedizin. Bei der PET-Untersuchung werden bösartige Veränderungen im Körper mit radioaktiver Glukose aufgespürt.

Auf meiner frühmorgendlichen Wanderung von der Bahn zur Klinik machte ich einen kleinen Umweg rund um den Marcus Garvey Park in Harlem. Der Spaziergang wirkte beruhigend auf mich, die Leute auf der Straße sympathisch, ihr Lächeln aufmunternd. Ich kam zu früh in der Klinik an und blickte nervös um mich. Unbekannte Techniker in weißen

Kitteln begrüßten mich. Ich ging einen Flur entlang und blickte in offene Räume, in denen überall Beine aus Maschinen herausragten. Sie sahen tot aus.

Die Glukose-Infusion begann durch meinen Körper zu zirkulieren, während ich auf ein kurzes Fließband gelegt und in einen Metalltunnel geschoben wurde, in dem eine Digitalanzeige die Sekunden herunterzählte. Ich war überzeugt, dass ich bei null durch die Decke ins Weltall katapultiert würde. Irgendwo hinter mir lief ein Klavierkonzert von Mozart in perfektem Stereoklang. Schwach hörbare, aber unverständliche Flüsterstimmen brabbelten technisches Kauderwelsch. Dies war die völlig entfremdete Medizin des Raumfahrtzeitalters. Ich sehnte mich nach etwas Anheimelnderem. Ein schlichtes Sofa hätte mir genügt.

Die Prozedur endete so still, wie sie begonnen hatte. Ich lag nur da und fragte mich, was als Nächstes käme. Man sagte mir, ich könne aufstehen und mich anziehen. Nach zehn oder fünfzehn Minuten kam ein Assistenzarzt zu mir und fragte mich, ob ich beim Gehen einen Stock benutze. »Was ist mit meiner Leber?«, fragte ich ziemlich unwirsch. Der Typ ignorierte meine Frage. »Sie haben eine Verspannung in der linken Schulter, einen Hotspot, vermutlich vom ständigen Gebrauch des Stocks mit der linken Hand«, fuhr er fort. »Verstehen Sie?« »Haben Sie sie eigentlich noch alle?«, schrie es in meinem Kopf. »Mit Ihrer Leber ist alles in Ordnung«, fügte der Jungroboter schließlich hinzu, als sei das eher Nebensache.

Mein Darmkrebs blieb mir, aber in diesem Moment fühlte ich mich auf seltsame Weise außer Gefahr. Die Krise war vorüber, das Todesurteil aufgehoben. Ich hatte immer noch MS und Krebs, aber ich fühlte eine neue Zuversicht, dass ich die Oberhand behalten würde. Schlimme Situationen verlangen nach dem rechten Blickwinkel.

Die Aussicht auf Leberkrebs, wie vage sie auch gewesen sein mochte, ließ mich mein zweites Duell, das ich mir mit dem Darmkrebs lieferte, klarer sehen. Überall um mich herum waren sehr kranke Menschen. Der Krebs erstreckte sich die Korridore hinauf und hinunter, so schien es mir. Mein Blick richtete sich über meinen eigenen Körper hinaus auf das Leiden der anderen um mich herum. Ich war wie gelähmt. Das Leiden der anderen Revue passieren zu lassen, mich wieder und wieder über die Vorstellung ihrer Schmerzen zu entsetzen, dämpfte mein eigenes Leiden. Diese Fallstudien aus der Distanz schienen zutiefst in meinem Drang nach unaufhörlicher Bewertung der relativen Schwere meines eigenen Leidens verwurzelt. Ich legte mich in der Überzeugung auf den OP-Tisch, dass anderen viel schlimmere Torturen bevorstanden als mir. Das hatte etwas Tröstliches für mich.

Der Nebel lichtete sich langsam, als ich nach fast siebenstündiger Operation mühsam aus dem tiefen Narkoseschlaf erwachte. Die Narkose versetzt uns in einen Zustand des Nichtseins, ohne jedes Bewusstsein für die Ereignisse oder das Verstreichen der Zeit. Plötzlich ist das Bewusstsein wieder da. Und ein Beatmungsschlauch in meiner Kehle. Und Schmerzen. Der Schlauch wurde erst gezogen, als sich die Ärzte vergewissert hatten, dass die MS mir nicht den Atem rauben würde. Ein Anästhesist drückte sich im Hintergrund herum, um mir dann hastig zu erklären, wie ich mir alle fünf Minuten Morphium zuführen könnte. Alle waren in Eile; ich auch. Ich brauchte nur eine einzige Antwort und fragte meine liebe Ehefrau nicht etwa, ob ich leben oder sterben würde. Mein Interesse an diesen zweitrangigen Angelegenheiten hing von der anderen Frage ab, die ich unverzüglich vorbrachte.

»Der Beutel«, flüsterte ich. »Habe ich einen Beutel?« »Ja, hast du«, antwortete Meredith behutsam. »Es tut mir so Leid.« Meredith merkte, wie niederschmetternd das für mich war. »Du hast einen künstlichen Darmausgang, aber es ist nur vorübergehend. Wirklich.« Oh Gott, der Beutel. Was denn noch? Mein maßloser Horror vor dem Beutel war instinktiv. Ich vermute mal, dass es nicht nur mir so geht.

Zur Hölle mit dem Krebs, schrie es in mir. Jetzt hatte ich Wichtigeres zu verdauen. Der künstliche Darmausgang erschien mir als Einschränkung meiner Lebensqualität, die all meine anderen Ängste ausblendete. Der Krebs als solcher schien fast zur Belanglosigkeit zu verblassen, als ich vom Kurs abschwenkte, um mich auf diese Nebenattraktion des närrischen Treibens zu fixieren. Dies bot mir eine ans Absurde grenzende Möglichkeit, mich von meinen Ängsten abzulenken, meine Emotionen auf Umwege zu schicken. Ich grauste mich vor diesem Schlauch aus Fleisch, der aus meinem Bauch herausragte, meiner Pipeline zum Beutel.

Ich mied den Spiegel im Badezimmer, ließ das Medizinschränkchen offen stehen, um jeden raschen, versehentlichen Blick auf meinen Körper zu vermeiden. Als ich aus der Klinik nach Hause kam, stand ich nackt vor dem Waschbecken und starrte mich bloß an. Ich konnte nichts anderes sehen als diesen Beutel, in blinkendem Neonrot konturiert. Ich fühlte mich entwertet, ja entmannt. »Richard, wann hörst du endlich auf, da herumzustehen?«, fragte mich Meredith regelmäßig. »Du siehst immer noch haargenau so aus wie gestern.«

Es gab Missgeschicke, mal platzte der Beutel, mal leckte er. Der Tag, an dem der Beutel bei einem Geschäftsessen im Restaurant einfach abfiel, war so peinlich, dass ich bloß loslachte. »Ich muss jetzt gehen«, sagte ich seelenruhig. »Mein

Beutel ist geplatzt. Sie wissen ja, wie lästig so was ist.« Vor allem lernte ich, vorausschauend und umsichtig zu sein und keine Risiken einzugehen. Seltsamerweise schienen viele Missgeschicke unbemerkt zu bleiben. Die große Hürde schien eher der bloße Gedanke an den Beutel zu sein.

Ein Mann sollte keine solche Börse an seiner Taille hängen haben, dachte ich. Ein Kaninchenfell an einem groben Strick vielleicht. Der alte Beutel sollte aus fleckigem Leder sein und neben seinem Jagdmesser hängen, über den Kerben in seinem Gürtel, die natürlich zahlreich sein sollten. Ein weibisches Täschchen zum Transport von etwas, wovor jeder männliche Mann die Augen verschließt, war unannehmbar. Niemals!, dachte ich trotzig.

Die Szene war albern und verdeutlichte nur die Notwendigkeit, sich seine Schlachten in einem langen Krieg sorgfältig auszuwählen. Meine schlappschwänzige Haltung war mir insgeheim selbst peinlich. Ich war ein Krebsüberlebender, ein Mitglied jenes elitären Clubs, bei dem sich sicherlich jedes Krebsopfer um Aufnahme bewerben möchte. Ein zeitweiliger künstlicher Darmausgang war meine geringste Sorge, ein geringer Preis für mein Leben. Ich lachte reumütig, bitterlich, über die Situation und mich selbst. Ich wusste, dass ich mich blöd benahm, wie ein Kleinkind, aber ich konnte nicht damit aufhören.

Mein Gyroskop war defekt. Ich war in Schieflage geraten, betrachtete mein Leben aus dem falschen Blickwinkel. Ich hätte erleichtert und dankbar sein sollen, dass ich jetzt krebsfrei war, aber mein aufgewühlter Geist wusste das nicht zu würdigen. Das Leben mit dem Beutel war ein vorübergehender Zustand – das Urteil lautete nur auf drei Monate –, doch es zu akzeptieren und sich darauf einzustellen, hätte in meinen Augen bedeutet, sich geschlagen zu geben.

Ich stand unter dem Zwang, mich an jedes bisschen Kontrolle zu klammern, das ich noch über meinen Körper hatte. Die MS hatte schon vor langem einen großen Teil der Kontrolle übernommen. Dies war der Tropfen, der das Fass zum Überlaufen brachte. Ich war in den Händen eines Arztes, den ich kaum kannte, und kämpfte gegen eine Krankheit, über die ich nichts wusste, außer, dass sie eine tödliche Feindin war. Es war diese offensichtliche Unterminierung meiner Fähigkeit, Kontrolle über mein Leben auszuüben, meine Gesundheit zu schützen und zu beeinflussen, die mir so bedrohlich erschien. Diese neue Krankheit war eine gerissene, wohl gerüstete Gegnerin. Der Krebs war hinterhältig und stark, selbst für bislang Gesunde gefährlich, wenn nicht gar tödlich.

Ich fühlte mich völlig ausgeliefert.

Meine Heimkehr aus dem Krankenhaus kollidierte mit der Nachricht vom Tod meiner Freundin Helene. Sie hatte mich mit ermutigenden Worten in den Kampf gegen den Krebs geschickt. Jetzt war sie selbst daran gestorben. Ich hatte zugesehen und -gehört, wie Helene sich allmählich davonmachte. Die letzte Etappe ihrer Reise hatte mich unvergessliche Lektionen für die Fortsetzung meiner eigenen gelehrt. Als Helenes Leben verebbte, war ihre Würde im Angesicht des sicheren Endes bemerkenswert. Sie sagte mir, es sei keine Frage des Was, sondern nur des Wann. Für sie bestand die Herausforderung darin, herauszufinden, wie man die Reise in Frieden zu Ende bringt. Ihre kleinen Töchter waren ihr Leben, und sie konzentrierte sich ganz auf sie.

Einen kurzen Augenblick lang erkannte ich, wie viel Glück ich hatte. Ein schwieriges Leben meistern zu müssen, ist immer noch bei weitem besser, als sich mit dem sicheren Tod auseinander zu setzen. Helene hatte davon gesprochen, was sie durch ihre Krankheit über sich selbst gelernt hatte. Sie sagte mir, sie hätte zu viel von sich in ihre Anwaltskanzlei und nicht genug in ihre Kinder investiert. Das bezweifle ich. Helene lächelte und erzählte mir, sie hätte endlich all das Schöne um sie herum wahrgenommen, Blumen, Himmel und Gerüche zu würdigen gelernt. »Es hat lange gedauert, bis ich gelernt habe, mit dem, was mir passiert, fertig zu werden«, sagte sie.

Mein Leben ging weiter. Die Schmerzen ließen nach. Ich wurde den künstlichen Darmausgang wieder los, der wie versprochen nach drei Monaten umverlegt wurde. Doch kurz darauf ging alles schrecklich schief. Mein Apparat ließ sich nicht richtig wiederherstellen. Die Schmerzen und die Beschämung waren ungeheuerlich. Hier waren alle Finessen gefordert, um gelassen und zuversichtlich zu bleiben. Ich stürzte in nie geahnte Abgründe der Verzweiflung.

Die Bestie war da drinnen. Ich wusste es. Ich konnte fühlen, wie sich die Kreatur in meinem Bauch wand, in meinen wachen Stunden und die dunkle Nacht hindurch; ich hätte schwören können, dass ich sie brüllen hörte.

Und das Zeug strömte aus mir heraus wie ein unerbittlicher, unaufhaltsamer Lavastrom. Kacka pflegten meine Kinder es zu nennen, bevor sie drastischere Ausdrücke dafür entdeckten. Über 50 Jahre meines Lebens waren verstrichen, und der Kreis schloss sich unbarmherzig, führte mich lange vor der Zeit zurück in einen Zustand kindlicher Hilflosigkeit und peinlicher Demütigung.

Die Menschen entwachsen der Scham über ihre Darmfunktion nicht. Selbst als Erwachsene tragen wir Dämonen im Gedärm. Meiner war ein wütendes Ungeheuer, das in der Falle saß und in seinem Drang zu entkommen alles aus dem Weg schob. »Ich scheuere Scheiße von praktisch allem«, zitiert Kurt Vonnegut vor fast 30 Jahren im Vorwort zu seiner

Kurzgeschichtensammlung *Geh zurück zu deiner lieben Frau und deinem Sohn* seinen Bruder nach der Geburt seines ersten Kindes. Es hat sich nichts geändert.

Ich hielt mir permanent den Bauch und krümmte mich gelegentlich, wenn mich Wellen heftiger Krämpfe überkamen. Die psychische Belastung war enorm. Mein Leben und alles um mich herum waren ein einziger Morast. Jegliche Produktivität kam zum Erliegen. Es fiel mir schwer, über irgendetwas oberhalb meiner Taille nachzudenken.

Verzweiflung überkam mich. Diese Düsternis überspülte meinen Körper, ohne ihn reinigen zu können. Der Chirurg erklärte mir, dass sich das Rektum, das Südende des Darms, vermutlich an einem Punkt sieben bis zehn Zentimeter tief nach innen verengt habe. Er sagte, es sei zweifellos diese Verengung, welche die Schmerzen und die Probleme mit der Kontrolle der Darmfunktion verursache. Der Arzt fügte hinzu, dass kein Schließmuskel auf der Welt, selbst bei einem Gesunden, unter solchen Bedingungen dichthalten könne. Eine chirurgische Lösung sei möglich. Die Verzweiflung wich neuer Hoffnung.

Meine neuerliche Operation fand an einem Vormittag im Mai 2001 statt. Es fühlte sich wie März an. Es war kalt und der Regen kam von der Seite, als Meredith und ich noch vor Morgengrauen zur Klinik aufbrachen. »Meredith!«, rief eine Krankenschwester aus, als wir dort ankamen. »Hallo, Schätzchen!«, rief ein Krankenpfleger vom anderen Ende des Flurs herüber. »Was machen Sie denn hier?« »Ihn abladen«, sagte Meredith lächelnd und deutete auf mich.

Die Operation beseitigte das Problem auf der Stelle. Es war das Schlimmste gewesen, was ich bisher erlebt hatte, aber die Quälerei schien damit beendet. Mein Ausflug in die Hölle stellte jede Bewältigungstechnik, die ich zu beherrschen glaubte, infrage. Ich hatte meine Ängste und Depressionen von der Leine gelassen, und sie waren Amok gelaufen. Ich wurde so finster wie das, was mich zu umgeben schien. »Ich bewältige das nicht«, sagte ich immer wieder zu Meredith. »Du bewältigst das sehr wohl«, erwiderte sie nachsichtig.

Bewältigung sticht besonders hervor, wenn sie einem leicht fällt. Ich hatte mich daran gewöhnt, mit der Multiplen Sklerose zu leben und zu funktionieren. In 30 Jahren war es mir schließlich zur zweiten Natur geworden, mich ihr anzupassen und Kompromisse mit meinem Körper zu schließen. Gelassen durch meine Welt zu navigieren, wie ferngesteuert, das war mein Leben.

Der Chirurg hatte meine Darmpassage geöffnet, doch fünf Tage später verengte sie sich wieder, und ich verging fast vor unbändigem Zorn. Ich stand am Fuß der Treppe und brüllte vor Wut: »Ich ertrage es nicht.« »Richard, bitte tu das nicht«, flehte Meredith dann. »Die Kinder sind im Haus.« »Und wenn schon«, lautete meine Antwort. »Sie können ruhig Bescheid wissen.« Ich sah mich außerstande, die Entladungen des Nordendes zu bändigen, solange sich das Südende dermaßen außer Kontrolle befand.

Meine Wut machte mir selbst Angst.

Inzwischen musste ich mich ein halbes Dutzend Mal am Tag umziehen. Die Granatsplitter meiner Ausbrüche von Verbitterung und Verzweiflung trafen jeden in meiner Umgebung. »Ich mach's hier nicht mehr lange«, wurde mein überstrapazierter Refrain. Die Wut hielt mich gepackt und sprudelte aus mir heraus. Wo meine Kinder sich aufhielten, wenn diese Ausbrüche stattfanden, war mir egal. Sie hatten sich vermutlich versteckt.

»Nein!«, wütete ich weiter. »Ich kann so nicht leben!« Meine Verzweiflung erfüllte das Haus. »Ich mach mich dünne.« Meredith dachte, ich drohte mit Selbstmord. Sie nahm das ernst. Ich dagegen wusste, dass ich mit Auszug aus unserem Haus drohte, weil ich es nicht mehr ertragen konnte, dass meine Kinder mich so sahen. Ich verteilte meine Qualen gleichmäßig auf die Familie.

Weder Depression noch Selbstmord passen zu meiner Psyche. Ich habe in meinem ganzen Leben nie auch nur einen Augenblick an Selbstmord gedacht. Doch meine innere Stärke war brüchig geworden, und es gelang mir nicht, zwischen einem Dauerzustand und einer vorübergehenden, wenn auch extremen Beeinträchtigung zu unterscheiden. Wieder mal mangelte es mir am rechten Blickwinkel.

Der rechte Blickwinkel kam in Form eines immobilen Rollstuhls. In ihm saß eine Gestalt ohne jede Spannkraft, mit nach vorn gesacktem Kopf. Der körperliche Zustand dieses zusammengesunkenen Manns war eine Tortur, die bis zu seinem Tod anhalten würde. Ich musste mich diesem Schrecken aussetzen. Ich musste aus nächster Nähe, mit meinen eigenen geschwächten Augen einen Mann sehen, der in die Hölle hinabgestiegen war. Dieser Mensch litt nicht an Krebs, sondern an Multipler Sklerose.

Für mich war Larry ein Beispiel der schrecklichen Entwicklungsmöglichkeiten einer katastrophalen Krankheit. Ihm war der Gedanke an Selbstmord nicht fremd. Ich hatte seit langem von diesem Mann gehört, auch wenn wir uns nie begegnet waren. Ich hatte seine Existenz nicht wahrhaben wollen. Jetzt brauchte ich ihn. Ich ging langsam den Hügel hinauf, um ihn zu treffen, mich inmitten meines Elends durch diesen Schock wieder zur Besinnung zu bringen.

Der Rollstuhl, der Larry trug, wurde nirgends mehr hingefahren. Larry war zum bloßen Insassen degradiert. Mit großem Unbehagen kletterte ich den Hügel hinauf, um ihm zu begegnen. »Mein Leben ist eine Qual«, erzählte mir Larry ohne erkennbare Gefühlsregung. »Ich bin in diesem Körper eingesperrt.«

Larry verkörperte meine Angst vor der Zukunft. Dies war der Mann, der vor über zwei Jahrzehnten als Sendeleiter für die Ausstrahlung des ABC-Nachrichtenmagazins *20/20* zuständig gewesen war. Jetzt verließ er sein Bett nicht mehr oft. Er saß in seinem Rollstuhl wie ein Stein, unfähig, einen Muskel zu bewegen. Er konnte den Kopf keinen Zentimeter drehen, um Blickkontakt herzustellen. Seine Arme und Beine blieben die ganze Dauer unseres Besuchs über in ein und derselben Position. Er rührte keinen Finger. Er konnte es nicht.

»Ich verlasse das Haus nicht mehr«, sagte er. »Ich möchte nicht, dass die Leute mich so sehen, mit hängendem Kopf, weil ich das Kinn nicht mehr heben kann.« Larrys Frau Harriet war fast immer an seiner Seite. Sein Sohn nicht. Er ist erwachsen und aus dem Haus, und das Nest scheint sehr leer ohne ihn. »Ich denke, er musste weit fort von hier«, sagte Harriet später.

Wie schaffen leidende Menschen das?, fragte ich mich. Larrys seelische Qualen waren tiefer als meine. Welche sprudelnde Quelle emotionalen Rückhalts wird zum tiefgründigen Kraftreservoir? Was erhält einen leidenden Menschen aufrecht? Es gibt keine Antwort.

»Ich weiß nicht, was mich durchhalten lässt«, sagt er. »Man tut es einfach. Vielleicht für die Frau, das Kind. Vielleicht, weil man nicht wüsste, was man sonst tun soll.«

Ich brauche einen Plan B für mein Leben. Es hätte der Darmkrise nicht bedurft, um das zu kapieren; der Krebs hatte diesen Denkprozess nur beschleunigt. Ich wusste, dass mich die MS an Orte führen könnte, an denen ich nicht den Rest meiner Tage verbringen möchte. Rückfahrkarten gibt es nicht. In meinen mitternächtlichen Grübeleien war ich seit langem überzeugt, dass ich eines Tages einen Ausweg brauchen könnte, um dem Leiden zu entkommen und es hinter mir zu lassen. Vielleicht auch nicht. Hoffentlich nicht. Auf jeden Fall ist die Zeit noch nicht gekommen. Vielleicht wird sie nie kommen. Ich weiß noch nicht einmal, wann oder wo dieser Punkt ohne Wiederkehr liegt. Aber ich möchte bereit sein.

»Ich denke oft an Selbstmord«, erzählte mir Larry. »Sie nicht? Als ich noch zur Arbeit fuhr, hatte ich mir einen Baum ausgeguckt. Ich hätte die Karre auf 130 bringen und gegen diesen Baum knallen können, dann bräuchte ich diese ganze Scheiße nicht durchzumachen.« Ob diese Alternativen nun reine Hirngespinste oder ein Element guter Planung sind, sie erscheinen mir jedenfalls durchaus konstruktiv. Selbstmord bedeutet Kontrolle. Selbstbestimmung.

Es gibt keine glückliche Auflösung und, für manche, kein glückliches Leben. »Du kannst entweder um Erlaubnis bitten, aufgeben zu dürfen, was deiner Frau und deinem Kind schrecklich viel abverlangt, oder du kannst dich an einer Riesenlüge beteiligen und Selbstmord begehen«, sagte mir Larry. »Das ist auch nicht fair.«

Larry erzählte mir, er habe einen Freund, der bereitstehe, ihm zu helfen, wenn dieser Mann, der sich nicht mehr rühren konnte, so weit war, fortzugehen. Larry sagte, falls und wenn diese Zeit käme, würde er friedlich dahingehen. Als sich später die Nachricht verbreitete, dass Larry plötzlich verstorben sei, gab mir das natürlich zu denken.

Einer wie Larry gibt Menschen wie mir Kraft. Es könnte schlimmer sein, sage ich immer wieder, wenn auch zu niemand Bestimmtem. Es ist ein kraftvolles Argument. Das Leben, das viel schwerer ist als meins, ist bedeutsam für die

Bewertung meines eigenen Wegs. An einem strahlenden Tag im Frühherbst, unter klarem Himmel und einem soliden Holzdach, waren ein Mann und seine Frau liebenswürdige Gastgeber in ihrem gemütlichen Gefängnis an einem ruhigen Hang. Sie lebten ihr Leben weiter, weil sie in diesem Augenblick keine Alternative dazu sahen. Was danach kam, werde ich vielleicht nie erfahren.

Die Kraft zum Durchhalten, so erkannte ich, ist unaufdringlich und gewaltig. Wir alle tun, was wir tun müssen, während wir versuchen, unser Leben am Laufen zu halten. Das ist Arbeit. Die Bewältigung ist eine stille Sache. Es gibt keine Fanfaren, kein Konfetti. Nur eine stille Aufgabe, bei der es um seelisches Wohlergehen, wenn nicht reines Überleben geht, eine Aufgabe, die in gedämpftem, nüchternem Ton vor sich geht und sich in Flüsterlauten, und nicht durch Geschrei äußert. Das Rezept für eine erfolgreiche Bewältigung hängt vom Blickwinkel des Betrachters ab. Es hat nichts mit Zauberei zu tun. Wir erkennen es einfach, wenn wir es leben. Mit sich selbst Frieden zu schließen, ist keine einmalige Angelegenheit, sondern ein lebenslanges Ringen.

Krankheitsbewältigung erfordert Disziplin und Selbstkontrolle. Diese sind seit langem mein Heiliger Gral, Gegenstand eines persönlichen Kreuzzugs. Das Streben nach ruhigen, überlegten Reaktionen hat sich ausgezahlt. Für mich hat diese Medaille allerdings auch eine andere Seite: Die Versuchung, sich in Selbstbesinnung zu verlieren. Mein Stolz auf die erfolgreiche Bewältigung war nicht mehr Mittel zum Zweck, sondern zum Selbstzweck verkommen. Das Kartenhaus bricht leicht zusammen, wenn es auf eine harte Bewährungsprobe gestellt wird.

Der kranke Mensch ist nicht der Einzige, der leidet. Ich hatte diese Tatsache aus den Augen verloren. Wenn ich mich selbst in einer Krise beobachtete, und meine Familie und vor allem meine Kinder um mich herum waren, stellte ich fest, dass sich Schmerz und Angst in schweren Zeiten nach außen ausdehnen. Meine Bewältigung war selbstsüchtig gewesen, nur auf mich bezogen. Ich. ICH. ICH, ICH, ICH. Ich selbst war das Einzige, was ich sehen konnte.

Mein alter Herr war das genaue Gegenteil. Er blieb mit seinem Schmerz für sich. Und manchmal fühlte ich mich genau wie der alte Mann, im selbst auferlegten Exil, wenn ich oft nur dasaß und aus irgendeinem Fenster sah, irgendeinen Baum oder ein Tier im Garten anstarrte.

Inmitten des Tumults der Krebskomplikationen hatte ich das dringende Bedürfnis, mich von allen menschlichen Kontakten zurückzuziehen, selbst innerhalb der Familie, die ich liebte. Ich wünschte mir, unter meine eigene Haut kriechen und mich dort verstecken zu können. Es war mir zur selbstverständlichen Gewohnheit geworden, mich selbst zu isolieren. Diese Dynamik verstärkte die Einsamkeit der Krankheit und das verstörende Gefühl des Ausgestoßenseins nur umso mehr.

Ich lernte durch schmerzliche Erfahrung, dass man diese Feuerprobe nie allein durchmacht. Familie, Freunde und Kollegen werden durch unsere Verzweiflung in Mitleidenschaft gezogen, aber nur zu oft heben wir den Kopf nicht hoch genug, um über uns selbst hinauszusehen.

Indem ich mich nach dem Krebs in mich selbst zurückzog, sperrte ich das Licht aus. Ich tappte buchstäblich im Dunkeln. Mein Leben wurde immer düsterer. Die Düsterkeit nährte sich aus sich selbst. Der Blick fürs Wesentliche ging verloren. Ich lernte, dass es Zeit und bewusstes Bemühen erfordert, mit denen, die wir lieben, zu reden, Ängste und Frustrationen zu offenbaren, ohne sich schwach zu fühlen.

Es im Alleingang zu schaffen, war für mich Ehrensache gewesen. Wie albern von mir. Ich hatte Schweigen mit Stärke verwechselt. Inzwischen sehe ich das als typisch männlichen Trugschluss. Andere auszuschließen, zeugt von Schwäche und ist gegenüber denen, die uns nahe stehen, ausgesprochen unfair.

Nachdem mein Darm mir wieder den Dienst verweigerte, war ich dem Medizinbetrieb hilflos ausgeliefert und ich hätte mich in verschiedenen Arztpraxen der Stadt auch gleich häuslich niederlassen können. Ich war so oft im OP gewesen, dass ich dem Chirurgen ein Timesharing-Arrangement vorschlug. Ich war witzig. Und sehr wütend.

Wir versuchten sogar, mein Rektum in der Praxis des Chirurgen zu weiten, ohne Betäubung. Als ich von der Decke wieder runterkam, beschlossen wir, das zu lassen. Die Frustration brachte mich schließlich auf einen Plan. Ich würde die Dinge selbst in die Hand nehmen. Ich überredete den Gastroenterologen, den Meister der Darmspiegelung, mich zu sedieren, mein Rektum zu weiten und das Weitere mir zu überlassen. Ich besorgte mir die erforderlichen Instrumente von einem Vertrieb für medizinische Geräte und lernte, den Eingriff selbst durchzuführen. Das Rektum wurde dabei vollständig geweitet. Viele Monate lang stand ich jeden Tag um 4.45 Uhr auf und tat, was getan werden musste. Die Katze war mein einziger Zeuge. Die selbst erlernte und an mir selbst vorgenommene Prozedur funktionierte.

Und ich hatte endlich die Kontrolle über meinen Körper wieder. Es war eine wichtige Lektion, die ich da in der Dunkelheit vor dem Morgengrauen lernte. Es war mein Plan gewesen. Ich hatte den Typen im grünen Kittel das Steuer entrissen und die Kontrolle übernommen. Ich hatte meinen

Körper gekidnappt, ihn zurückerobert, wenn auch vielleicht nur vorläufig. Dem Gastroenterologen hatte die Idee gefallen, während der Chirurg nur zögernd mitspielte.

Ich übernahm damit die Verantwortung für mich selbst, und das war ein gutes Gefühl. Die Prozedur war natürlich unerfreulich und kein schöner Einstieg in den Tag. Aber selbst Verantwortung zu übernehmen, wirkte befreiend. In gewisser Weise und wenn auch nur in diesen Momenten verschob sich damit das Machtgleichgewicht ein wenig zu meinen Gunsten. Eine äußerst schwierige Zeit schien zu Ende zu gehen, doch der Preis war hoch gewesen.

»Es war eine harte Zeit für jeden in diesem Haus«, erinnert sich Meredith. »Du warst sehr schwierig, unglücklich eben. Uns wurde eine Menge aufgebürdet, aber wir haben uns alle gut gehalten.« Es war, als hätte der Krebs einen Kurzschluss in den Schaltkreisen der Familie verursacht und die Kommunikationsleitungen unterbrochen. Das Haus hätte ein riesiges Schild gebraucht, auf dem »Vorsicht, Schieflage!« stand. Mein Wackelkontakt zur Familie war für alle sehr belastend, ganz besonders für Meredith. Die Klinik war auch ihr zweites Zuhause geworden. Sie wachte an meinem Bett. Meine Rückkehr in unser eigentliches Zuhause wurde zu einer neuerlichen Belastungsprobe. Jeder war in Gefahr.

Meine angehäufte, aufgestaute Wut über meine Krankheiten explodierte und trieb einen tiefen Keil in unsere Beziehungen. Für Meredith war es am schlimmsten. »Ich fühlte eine große Distanz zu dir, als du nach all diesen Operationen nach Hause kamst«, gesteht Meredith. »Ich müsste lügen, wenn ich dir nicht sagen würde, dass ich mich abgestoßen fühlte.« Das braucht sie mir nicht zu sagen. Ich verspritze zu oft zu viel Galle und habe immer noch nicht ganz nach Hause gefunden. »Deine Wut hat uns alle in die Flucht getrieben.«

Vielleicht wird der Krebs ein Teil meines Lebens bleiben, sich als Dauergast zur Multiplen Sklerose gesellen. Obwohl ich vom eigentlichen Krebs befreit bin, bleiben mir seine Komplikationen als ständige Begleiter erhalten und zeigen keinerlei Neigung, ihres neuen Heims überdrüssig zu werden. Selbst die schlimmsten dieser Probleme suchen mich von Zeit zu Zeit noch heim, als wollten sie mich daran erinnern, nicht allzu selbstgefällig zu werden. Diese Botschaft vernehme ich laut und deutlich.

Die heimtückischste Hinterlassenschaft des Krebses ist die Wut. Die starken Emotionen, die aus Schmerz, Scham und Angst entsprangen, suchen mich in Krisenzeiten immer noch heim. Die Wut hat das Feld noch nicht ganz geräumt.

Die Liebe zwischen Kindern und Eltern mag bedingungslos sein, doch die Bindung zwischen meinen Kindern und mir war einer harten Prüfung unterworfen. Die Spannungen ließen sich nicht verbergen. Wir kämpften ohnehin schon darum, als Familie mit dem Wahnsinn der Multiplen Sklerose zu leben. Das ist schwierig genug. Der Krebs brachte mich fast außer Reichweite.

KAPITEL 11

Die Kinder und ich

An dem Morgen, an dem der Pfannkuchen zu Boden und ich an die Decke ging, flog der Pfannenwender an die Wand, prallte vom Küchenfenster ab und landete im Spülbecken. Der Knall war im ganzen Haus zu hören und demonstrierte wieder einmal, dass meine Wut selbst bei geringfügigen Anlässen außer Kontrolle geraten kann. Das Brüllen, das mein Tun begleitete, tat meinen Zorn jedem im Haus kund, der das Pech gehabt hatte, nicht Zeuge des Geschehens zu werden. Wut steht in unserer Küche regelmäßig auf dem Speisezettel, obwohl ich mich bemühe, sie außer Sicht, oben im Schrank, gleich neben dem Mehl, zu verwahren.

Selbst nach Jahrzehnten des Kampfs mit der Multiplen Sklerose ist es mir nicht gelungen, ein ausfallsicheres System zu entwickeln, um solche Gefühlsausbrüche abzudämpfen. Ich bin kein perfekter Mensch. Beeinträchtigte Sehkraft, unbeholfene Hände und ein geschwächter rechter Arm hatten sich an diesem Samstagmorgen gegen den Pfannkuchen verschworen. Nur der Hund freute sich. Meine Explosion erfolgte spontan, und natürlich kam ich mir hinterher albern vor.

Wut ist meine ausdauernde, unerbittliche Lebensgefährtin, obwohl ich seit Jahren versuche, die Beziehung aufzukündigen. Mal übe ich mich in Brandbekämpfung, mal brauche ich die Hitze des Gefechts. Die Beherrschung zu verlieren, ist eine Möglichkeit, den Dampf abzulassen, der sich nur zu rasch aufstaut. Das chronische Kranksein speist den Dampfkessel, indem es für ständigen Druck sorgt. Für meine seelischen Verletzungen gibt es keine Heilung und auch keine andere Form der Linderung. Wut ist zum Gegenpol der Verleugnung geworden, ein Widerspruch in sich und das unausgesprochene, aber emotionsgeladene Eingeständnis, dass die Situation wirklich beschissen ist. Die Entladung bringt Erleichterung, die jedoch allzu oft von einem Gefühl der Demütigung begleitet ist. Das ist der Preis für meine Wutorgasmen. Das Wüten fühlt sich erst gut, dann mies an, und dann verliere ich das Interesse.

Die Kinder versuchen, diese gelegentlichen Ausbrüche zu ignorieren. In unserer Familie herrscht ohnehin Tag für Tag Lärm genug. Da sind die unvermeidlichen Kämpfe dreier Kinder, die sich zwei Eltern teilen müssen, und ihr gemeinsames Ziel, den Familienfrieden so oft zu stören wie nur eben möglich. Seit meine Gesundheitsprobleme drängender geworden sind, haben sich die allgemeinen Spannungen in der Familie einfach noch etwas verschärft.

Die Kinder sind an meinen Jähzorn gewöhnt. Er richtet sich nicht gegen sie. Die eigentliche Zielscheibe dieser Ausbrüche bleibt immer die gleiche: Ich selbst. Sie scheinen das zu verstehen, auch wenn sie gelegentlich Querschläger abbekommen. Sie halten die Augen weit offen und sehen den Zusammenhang zwischen meinen körperlichen Problemen und der Frustration, die ohne Vorwarnung überkocht. Das angespannte Warten auf Daddys nächste Explosion macht ihr Leben nicht gerade leichter.

Die Krankheit ist Teil unseres Lebens. Manchmal scheint es so, als wäre die Krankheit unser ganzes Leben. Die Kinder sehen und verstehen. Sie passen ihre Erwartungen an mich laufend den Gegebenheiten an und integrieren sie in den Gesamtplan. Die Probleme sind nicht vorhersehbar; Zwischenfälle können alltäglich oder auch dramatischer sein, als mir lieb ist. Ich habe Angst, dass die Wut meine Kinder verletzen und einen Keil zwischen uns treiben wird. Das würde mich umbringen. Ich weiß, dass meine Kinder zäh und abgehärtet sind, weil auch sie Überlebenskünstler sind. Sie sehen alles. Niemand könnte ihnen ein unbeschwertes Leben versprechen.

Gabriel und ich waren allein zu Hause, von unserer unternehmungslustigen Familie an einem brütend heißen Juliabend zurückgelassen, um uns auf eigene Faust durchzuschlagen. Wir machten uns zu einem frühen Abendessen in einem örtlichen Restaurant auf, schlenderten einen breiten Weg entlang, den man bei uns den Aquädukt nennt. Gabe und ich gingen zwischen den Bäumen hindurch, erfreuten uns an der Tier- und Pflanzenwelt des Hudson-Ufers und plauderten über Baseball und seine Lieblingsmannschaft, die Mets.

Als Gabe ein Stück vorauslief, merkte ich, dass die Hitze mir Probleme bereitete; ich schwitzte heftig, und es fiel mir zunehmend schwerer, einen Fuß vor den anderen zu setzen. Jeder, der an Multipler Sklerose leidet, hört die Alarmglocken schrillen, wenn die Hitze unerträglich scheint und die Beine schwach werden. Eine innere Stimme riet mir, umzukehren, um größere Probleme zu vermeiden.

Doch inzwischen war Gabe schon fast bis in den Ort vorausgelaufen, und so oder so wollte ich ihn nicht enttäuschen. Er freute sich auf sein Lieblingsgericht, Chicken Wings, und daheim war praktisch nichts zu essen da. Ich schlurfte mühsam weiter, wurde dabei zunehmend wütend und schleppte mich buchstäblich den Hang hinunter bis ins Restaurant. Ich hoffte, dass niemand meine Probleme oder meine Gereiztheit bemerken würde. Gabe war ganz auf sein Essen konzentriert und bekam nichts davon mit. Eine Stunde später verließen wir das Restaurant und gingen langsam über die Straße.

Mein Sturz in die Gosse auf der anderen Straßenseite kam ohne Vorwarnung. Meine Beine gaben einfach unter mir nach. Gabes zufriedenes Grinsen erstarrte auf seinen Lippen. Ich hatte nicht die Kraft, mich wieder aufzurappeln. Meine Beine wollten mich nicht tragen. Gabriel wich in den Eingang eines geschlossenen Geschäfts zurück, während ein Passant und die Kellnerin, die den Vorfall aus dem Restaurant beobachtet hatte, herbeigeeilt kamen, um mir zu helfen. Die Wut strömte aus mir wie die Luft aus einem geplatzten Reifen.

Was mir am meisten wehtat, war Gabes Anblick, sein Gesichtsausdruck, als er sich abwandte, um meinem Blick auszuweichen. Die Szene war beklemmend, und um nichts in der Welt hätte ich mir dabei meinen neunjährigen Sohn als Augenzeugen gewünscht. Sein Schmerz war offensichtlich, die Beschämung über diesen Vater, die ihn lautlos überflutete, während ich in Zeitlupe zu Boden ging. Peinlich berührt entschuldigte ich mich bei allen Umstehenden. Immer habe ich das Gefühl, es sei meine Schuld. Das Ganze erschien mir unverzeihlich – als ob ich irgendeine Wahl gehabt hätte: Gabe war mit mir gegangen, hatte mit mir geredet und gelacht, und jetzt, wieder einmal, stand der arme Junge so schutzlos und verletzlich da.

Was in einem Kind wie Gabe in so einer Situation vorgeht, ist nicht vorstellbar. In so einem Jungen, einem Sportler, für den Anmut und körperliche Perfektion höchste Ideale sind. Gabe und seine Geschwister sehen mein Straucheln und ignorieren meine Unbeholfenheit, sehen über die tiefer gehenden Einschränkungen meines Lebens hinweg und sehen irgendetwas, was auch immer es sein mag, das an die Stelle des grimmig gehüteten Ideals in ihren Köpfen treten kann.

Wenn ich in ihrer Gegenwart in der Öffentlichkeit stürze, sie der zusätzlichen Peinlichkeit aussetze, dass Fremde es mit ansehen und mir eifrig zu Hilfe eilen, ist meine Krankheit nicht mehr Privatangelegenheit einer Familie, die sie zu bewältigen versucht. Der Schmerz in den Gesichtern meiner Kinder ist unübersehbar und lässt sich nicht ignorieren oder durch mein intensives Wunschdenken, dass alles in meinem Leben in bester Ordnung ist, übertünchen.

Gabe, der das, was er gesehen hatte, offenbar nur schleunigst hinter sich lassen wollte, tat meine überschwängliche Entschuldigung an diesem Abend achselzuckend ab. »Ist schon o.k., Dad«, murmelte er teilnahmslos. »Ich weiß, dass du nichts dafür kannst.« Er hatte dieses Schauspiel schon öfter zu sehen bekommen, vor wechselndem Publikum. So wie alle meine Kinder. Die Kinder beobachten mich mit Argusaugen. Sie scheinen jede falsche Bewegung und jeden Fehltritt zu registrieren. Ich frage mich immer, ob sie ihre Zukunft in meinem versagenden Körper sehen.

»Dad«, fragte Ben vor einigen Jahren stockend, »weißt du, was Opa fehlt?« Die Frage kam aus dem Nichts. »Ja«, sagte ich leise. »Ist es das Gleiche wie bei dir?« Mein Herz setzte einen Moment lang aus. »So ist es, Ben.« Ben zögerte kurz. »Wird mir das auch passieren?« Die ernüchternde Frage durchdrang meinen Panzer. Ich leistete im Bruchteil einer Sekunde die Denkarbeit einer Stunde und antwortete schließlich bedachtsam und fast flüsternd: »Ich weiß es nicht, Ben, ich hoffe nicht.«

»Ich werde auch MS bekommen«, verkündete Gabe vor Jahren bei einer anderen Gelegenheit. »Du warst das mittlere Kind, und ich bin es auch.« Die fast beiläufige Bemerkung fiel ohne jeden erkennbaren Zusammenhang. Irgendetwas, das er in irgendeinem beliebigen Moment an mir beobachtet hatte, muss sein Gefühl der eigenen Verletzlichkeit ausgelöst haben. »Ich komm schon klar«, versicherte er mir. »Mach dir keine Sorgen.«

Ich hatte keinem meiner Kinder irgendeine beruhigende Antwort auf Fragen nach der Zukunft zu bieten. Ich konnte mich nicht dazu durchringen, ihnen leicht durchschaubare Unwahrheiten anstelle der von ihnen gewünschten ehrlichen Antworten aufzutischen. Vielleicht wäre Beruhigung wichtiger gewesen als die Wahrheit. Ich wusste es nicht und hatte keine Zeit, über die Frage nachzugrübeln. Tatsache ist, es gibt keine Gewissheit und es gibt keine tröstliche Antwort auf diese bedrückende Frage.

Als uns eine Beraterin während der routinemäßigen genetischen Sprechstunde vor Bens Geburt erklärte, es gäbe bei Multipler Sklerose keine genetischen Faktoren, nahmen wir ihr Wort für bare Münze. Heutzutage würde einem kein Berater mehr eine solche Zusicherung geben. Falls Meredith Fragen oder Zweifel hatte, blieben sie ungeäußert, unbeantwortet. Mein Radar war abgeschaltet. Ben sollte in weniger als einem Monat zur Welt kommen, und dies erschien mir nicht als der richtige Augenblick, Fragen zu stellen, auf die es keine erfreulichen Antworten gibt. Die Sorge bleibt bestehen. Nach den vorangegangenen Fehlgeburten war all unsere Aufmerksamkeit darauf gerichtet, dieses Kind heil auf die Welt zu bringen. Drei Generationen MS in unserer Familie wurden sacht beiseite geschoben. Jetzt drängen die Fragen zunehmend in den Vordergrund.

Vor 30 Jahren war nicht absehbar, was die Zukunft bringen würde. Mein Leben hat sich verändert, und ich werde immer bedauern, dass die Kinder mich nie so gesehen haben, wie ich einmal war. Ich bin ein geringerer Mensch, als ich es einmal war. Meine Kinder haben nie die Gelegenheit gehabt, ihren Vater als Sportler zu sehen, schweißüberströmt, stark und bereit, es mit jedem aufzunehmen. Der Fußballer, der Läufer – heute bleibt davon nur noch der Typ, der am Stock geht.

Bei den Wettkämpfen der Kinder bin ich nur Zuschauer. Dad ist für sie da, aber immer nur am Spielfeldrand oder auf der Tribüne. Die Kinder wissen Bescheid. Sie sind die hellsten Köpfchen im Haus, mit scharfen Augen und wacher Intuition. Man kann die Wahrheit über Krankheiten vor Kindern nicht verbergen, jedenfalls nicht vor meinen Kindern. Diese gar nicht so kleinen Menschen müssen sehen und verstehen und wissen. Sie müssen etwas über die Krankheit erfahren und sich mit ihr vertraut machen, in die Entschlossenheit einbezogen werden, als Familie damit zurechtzukommen.

Das Lachen eines Kindes trägt viel dazu bei, den rechten Blickwinkel auf die Zukunft zu bewahren und zu erkennen, was im Leben einer Familie wichtig ist. Kinder prägen die Familienkultur, lenken den Bewältigungsprozess, auch ohne umfassendes Wissen über die Reise, die da unternommen wird. Sie üben einen fast mystischen Einfluss aus. Diese Wahrheit gilt für jede Familie der Welt, auch wenn ich meine natürlich als etwas Besonderes empfinde.

Meredith und ich haben alle Hände voll zu tun. Unsere Kinder sind Juniorpartner im Familienunternehmen. Wir fabrizieren Probleme. Jeder denkt, er oder sie wäre Vorstandsvorsitzender und kämpft hart darum, zu verhindern, dass die Familienaktien irgendeines Geschwisters, irgendeines zweitrangigen Partners am familiären Verhandlungstisch, zu hoch steigen, vor allem in den Augen ihrer Mama.

Der 15-jährige Ben ist das nominelle Oberhaupt des Kinderklans oder glaubt es zumindest zu sein. Ben spielt die Rolle des Despoten, zuweilen auch des wohlwollenden Diktators, obwohl ich glaube, dass er nur so tut als ob. Er hat für diese Rolle viel zu viel Herz, und er scheint zu anderen außerhalb seines Zuhauses durchaus freundlich zu sein, womit er eine Seite offenbart, die er für uns niemals zur Schau stellen würde. Ben ist eben der Bock, der sich selbst zum Gärtner ernannt hat. Was er sagt, gilt, aber nicht allzu lange. Ben ist athletisch und blond. Wir wissen alle, wie weit diese Eigenschaften ein Kind in unserer heutigen Kultur bringen können. Ben ist intelligent und clever. Er sieht jedes Stolpern und Straucheln, jeden Sturz. Ben fühlt meinen Schmerz mit, was ich zutiefst bedauere. Ich kann nichts tun, um diese seelische Last von ihm zu nehmen. Auf seine Art und Weise versteht Ben die vielen Dimensionen der Krankheit gut.

Was Ben offenbar nicht verstehen kann und will, ist die Daseinsberechtigung seines jüngeren Bruders. Als Gabriel zur Welt kam, stolzierte sein zweijähriger Bruder im Spielzimmer umher, stieß seine Arme nach vorn und sagte in eisernem Ton »Nein« – immer wieder und wieder. Heute, mehr als ein Jahrzehnt später, hat Ben seine Meinung zu diesem Thema nicht geändert.

Der 12-jährige Gabe ist im Gegensatz zu seinem älteren Bruder recht gelassen und denkt nicht, dass die ganze Welt ihm gehört. Gabe hat immer schon eine ungewöhnliche Sensibilität anderen gegenüber an den Tag gelegt. Dieser junge Mann strebt nicht nach Anerkennung: Es ist ihm tatsächlich ziemlich egal, was andere denken. Gabe scheint sich für nichts als Nintendo zu interessieren. Unser zweiter Sohn spielt für kein Publikum, sondern nur für sich selbst.

Gabe richtet sich nach seinem eigenen Kompass und hört auf eine Stimme in seinem Kopf. Was diese Stimme ihm sagt, ist ein völliges Rätsel. Gabe sagt schonungslos seine Meinung und stellt die unverblümten Fragen, um die andere herumdrucksen. Doch oft lässt Gabe das Familientheater auch nur auf sich wirken und enthält sich jeden Kommentars.

Lily Max, das Nesthäkchen, ist ein harter Brocken. Sie ist ernsthaft und diszipliniert und macht keine Kompromisse.

Lily setzt sich gegen Angreifer zur Wehr, vor allem gegen ältere Brüder, die sie mit ihrem Fauchen vertreibt. Meine wunderbare elfjährige Tochter ist eine Blume mit scharfen Zähnen. Im Zusammenleben mit Brüdern bewährt auch sie sich als Überlebenskünstlerin.

Die emotionalen Tücken im Umgang mit Dads nachlassender Gesundheit zu überleben, ist eine Sache. Überhaupt zu überleben, ist eine andere. Körperliche Einschränkungen bringen mitunter auch das Unvermögen mit sich, in einer unvorhergesehenen Situation auf ein Kind aufzupassen. Mir graut vor meinen Schwächen, meiner Unfähigkeit, eines meiner Kinder in einem Notfall zu beschützen. So geschah es 1992, dass ich Ben beim Besteigen einer Bahn fast ums Leben gebracht hätte. Der Zwischenfall ereignete sich im Bruchteil von Sekunden.

Ben fiel in den schmalen Zwischenraum zwischen Bahn und Bahnsteig wie ein glänzender Penny in sein nagelneues Porzellansparschwein. Der Sturz schien im Zeitlupentempo zu geschehen, eine Filmsequenz, die nur einen Moment dauerte. Ich war außerstande, es zu verhindern. Ein kurzer Blick zu mir nach oben, völlig ausdruckslos, und mein kleiner Junge war verschwunden. Die Vorsicht des Erwachsenen, die die Bewegungen des noch nicht Vierjährigen hätte lenken sollen, hatte versagt, war mit den Koordinationsstörungen kollidiert, die aus meinem neurologischen Leiden resultieren.

Ich hatte ihn auf dem Bahnsteig wegen der gefährlich breiten Lücke zwischen Plattform und Bahn an der Hand gehalten. Der Körperkontakt fühlte sich gut an. Ben braucht mich auch, dachte ich, als er die Hand nach mir ausstreckte. Ich war mir seiner magnetischen Verbindung zu seiner Mutter überaus bewusst. Wir kletterten in die Bahn und dann, während andere Fahrgäste ein- und ausstiegen, warf Ben plötzlich einen Blick zurück auf den Bahnsteig und jaulte auf: »Guck mal, Dad, deine CNN-Karte.«

Mein Arbeitsausweis lag auf dem Bahnsteig vor der offenen Tür. Konsterniert sagte ich zu Ben, er solle bleiben, wo er war, während ich sie holte. Im Handumdrehen war ich auf dem Bahnsteig, nur einen langen Schritt von der Tür entfernt, und hatte mich gebückt, um meine Karte aufzuheben. Als ich Bens Schrei »Ich helfe dir!« hörte, riss ich automatisch die Hand hoch, um ihm mein »Nein« zu signalisieren.

Der Unfall ist mir nur verschwommen im Gedächtnis geblieben, aber ich weiß, dass ich ihn mit verursachte. Ich hatte nicht mitbekommen, dass Ben wieder aus der Bahn gesprungen war, und ich denke, es war mein ausgestreckter Arm, der ihn zurückschleuderte und in den Schlitz versenkte wie in einen Toaster. Ich brauchte einen Moment, um zu kapieren, wo Ben geblieben war. Eingequetscht zwischen Bahnsteig und Bahn, viele Tonnen schnaufender, ächzender Stahl, der sich vor Vorfreude bebend zum Losdonnern bereitmachte. Der zahme Zug hatte sich in ein metallenes Monster verwandelt, das sich anschickte, meinen Sohn zu fressen.

Ich rettete Ben an diesem Morgen mit ebensolcher Selbstverständlichkeit, wie ich ihn in die Gefahrenzone geschubst und die Krise damit erst heraufbeschworen hatte. Meine Bewegungen waren unbeholfen, mein Gleichgewicht labil. Ich hatte versucht, entschlossen zu handeln, aber mein Urteilsvermögen war gestört. Ich konnte nicht genug sehen und entschied mich für die falsche Handlung. Der Vater hatte dem Kind gegenüber versagt. Ich war für ein Kleinkind in dieser Situation einen Augenblick lang keine geeignete Aufsichtsperson. Dabei war es nur ein ganz alltäglicher Augenblick, der plötzlich schief gelaufen war. Gar nicht dort zu sein, hätte geheißen, sich vollends geschlagen zu geben und den Jungen aller gemeinsamen Erlebnisse mit seinem Vater zu berauben. Ich brüllte den anderen Fahrgästen zu, sie sollten die Tür blockieren, damit die Bahn nicht anfahren konnte. Dann fiel ich auf die Knie und langte nach unten, so weit ich nur konnte, hing über den Gleisen und hievte mein benommenes Kind zurück auf den Bahnsteig.

Der Angstschauer, der meinen Körper damals durchlief, sitzt mir bis heute in den Knochen. Ben hingegen hat alle Erinnerung an den schrecklichen Vorfall verloren. Noch ein Jahrzehnt später kann ich mich mit einem Kind im Schlepptau nicht durch die Stadt bewegen, ohne dass dieser Film in meinem Kopf wieder abläuft. Meine Behinderungen beherrschen mein Denken. Meine Bewegungen sind langsam und bedächtig, durchdacht und exakt. Mir bleibt, wie ich erkennen musste, kein Spielraum für Fehler. Heutzutage kalkuliere ich unbeabsichtigte Folgen mit ein. Damit muss ich leben, diesen albtraumhaften Szenarien muss ich tagtäglich ins Gesicht sehen.

Es gibt immer unbeabsichtigte Folgen und unvorhergesehene Ereignisse. Als der Krebs an die Tür klopfte, schlugen Granaten in das Heim meiner Kinder ein. Bei der ersten Angriffswelle wurde noch niemand verletzt. Meredith und ich kamen rasch überein, den Kindern alles zu sagen und ihre Fragen so ehrlich wie möglich zu beantworten. Wir setzten uns mit ihnen hin und sagten ihnen die Wahrheit. Es gab Fragen, zuallererst von Gabriel. »Wirst du sterben?«, fragte er sofort. Das hatte mich noch nie jemand gefragt. »Nein, Gabe«, antwortete ich, »ich glaube nicht.« Das ermutigte Gabe zu der Anschlussfrage: »Werden wir trotzdem unsere Geschenke zu Chanukka und Weihnachten kriegen?« Gute Frage. »Aber klar, Gabe.«

Die Kinder kamen gut damit klar. Kinder wollen wissen, was los ist. Schweigen, die traditionelle Reaktion, mit der meine Generation aufwuchs, hätte ihnen mehr geschadet als die Wahrheit. Der Darmkrebs kam und ging, und die Kinder orientierten sich an unserem Verhalten. Wir gingen Gesprächen über den Krebs nicht aus dem Weg, schienen aber auch nicht völlig fixiert auf das Thema zu sein. So kehrte wieder Ruhe ein.

Als die zweite Krebsdiagnose kam, veränderte sich das Leben in unserem Haus mit einem Schlag. Keine Spur mehr von der bisherigen Gelassenheit. Die Nachricht schockte Meredith und mich. So etwas durfte doch nicht passieren. Wir sagten eine Weile nichts, bis wir die Neuigkeit verarbeitet und unsere Fassung wiedergewonnen hatten.

Dann kehrten wir zu unserer bewährten, unaufgeregten Haltung den Kindern gegenüber zurück und erklärten ihnen, der Doktor habe nicht den gesamten Krebs erwischt, so etwas komme halt manchmal vor. Dabei erwähnten wir natürlich nicht die Sorge um einen Befall der Leber, die ohnehin innerhalb weniger Tage ausgeräumt wurde. Die möglichen Komplikationen der Bauchoperation waren zu komplex, um sie den Kindern im Einzelnen zu erläutern. Und dann kam die Zeit des Wartens.

Der Chirurg war einige Wochen nicht abkömmlich. Meredith und ich verbrachten derweil so viel Zeit zu Hause wie nur möglich. Und die Uhr tickte und tickte. Ich bewältigte diese Zeit durch das geschriebene Wort, schrieb mein persönliches Manifest über den Umgang mit MS und Darmkrebs für die *New York Times*. Die Schlussworte lauteten: »Ich werde es schaffen.« Der Artikel erschien am Tag der Operation. Die Kinder lächelten.

Sie lächelten nicht mehr, als Meredith sie zum Krankenbesuch mit in die Klinik brachte. Das Morphium war sehr wirksam, und meine Erinnerung ist verschwommen. Gabe wollte nicht im Zimmer bleiben. Er kam herein, sah die Schläuche, die Infusionen, und flüchtete in den Korridor. Dort trat eine segensreiche Anonymität an die Stelle der Intimität, und er schien sich etwas sicherer zu fühlen. »Es ist so schlimm, seinen Vater mit einer Krankheit zu sehen, an der Menschen sterben«, sagte Gabe mir später und fügte hinzu: »Ich war wütend.« Das war ich auch. Wir hätten Gabe gar nicht in diese Lage bringen sollen, aber er hatte darauf bestanden, mitzukommen. Eltern müssen oft schwierige Entscheidungen treffen. Diese Szene war für uns alle schmerzlich. Ich hasste den Gedanken, dass meine Kinder mich in diesem Zustand sahen. Ben und Lily blieben im Zimmer, wussten aber nicht, was sie sagen sollten. Ich war zu benommen von den Schmerzmitteln, um überhaupt viel zu sagen.

Unser Zuhause bot immer eine Chance, den familiären Kontakt zu normalisieren, die Kinder auf sicherem Terrain aus der Reserve zu locken und eine Bestandsaufnahme ihrer Reaktionen und Gefühle zu machen. Das Leben änderte sich, als Dad kurz nach Thanksgiving von seinem zweiten Boxkampf mit dem Darmkrebs zurückkehrte. Der alte Herr hatte ein paar ziemlich böse Schläge eingesteckt und war angeschlagen und in blutrünstiger Stimmung, als er aus der Klinik heimkam. Ich hatte Schmerzen und trug diesen verhassten Beutel am Bauch herum. Das frostige Spätherbstwetter verlagerte sich nach drinnen.

Der Himmel dämmerte Morgen für Morgen grau. Ich konnte nichts dagegen tun; tatsächlich merkte ich nicht einmal, was da passierte. Die Emotionen aus dem Krieg nach Hause zu bringen, war eine Nacht-und-Nebel-Aktion gewesen. Die Wut huschte unter dem Radar durch und kroch im Schutze meiner tiefen Düsternis mit ins Bett. Ich bemerkte die triefende Galle nicht, obwohl jeder im Haus wusste, dass sie da war.

Ich hatte mir nicht vorstellen können, dass mein Leben diesen Weg einschlagen würde, und die Angst vor der Zukunft fraß mich auf. Ich dachte, ich wäre ruhig und gefasst.

Ich hielt den Kopf gesenkt und konnte die Menschen um mich herum nicht sehen. Selbst zusammengesackt schien ich über die Köpfe meiner Kinder hinwegzusehen. Ich hatte gedacht, die Kinder würden sich freuen, dass ich wieder da war. Stattdessen wichen sie entsetzt vor mir zurück. Ich fletschte meine Zähne, und sie waren scharf. »Mach deine Hausaufgaben. Mach die Musik aus«, knurrte ich. »Räumt diesen Mist weg«, kommandierte ich. »Lasst das nicht für eure Mutter und mich liegen.« Ich saß mürrisch herum und stierte sie an, sah abends immer wieder auf die Uhr, um sie genau zur verabredeten Zeit ins Bett zu scheuchen.

Ich war in meiner eigenen Verzweiflung gefangen, bedrückt und unsicher, ob es mir je wieder besser gehen würde. Mein Darm war nicht zu bändigen. Das war für jeden in meiner Umgebung offensichtlich. Überall im Haus waren die Kinder. Diese Kinder sahen praktisch alles. Und was sie nicht sahen, konnten sie riechen. Es gibt wohl kaum etwas Demütigenderes, als wenn das eigene Kind dir empfiehlt, die Klamotten zu wechseln. Wir hatten die Rollen getauscht. Ich schämte mich zutiefst.

Minderwertigkeitsgefühle und Ichbezogenheit wurden zu Nebenwirkungen der Krankheit. Ich konnte meine Dämonen nicht bändigen, weil ich ihre Anwesenheit gar nicht bemerkte. Ich war mit Blindheit geschlagen, während mein psychotisches Verhalten für jeden außer mir offensichtlich war. Ich zog mich tief in mich selbst zurück, abgeschnitten von Familie und Freunden. Aus dieser Höhle kam ich nur hervor, wenn ich gerufen wurde.

Schließlich hatte meine liebe Frau die Nase voll und las mir die Leviten. »Du verwandelst dich allmählich in ein Ungeheuer«, warnte sie mich, wobei sie ihre Bemerkung schonend im Präsens formulierte. Ich starrte sie verständnislos an. Mein seelisches Gleichgewicht ist völlig in Ordnung, dachte ich. Wovon redet sie?

Weder ihre Warnung noch die Tatsache, dass meine Kinder einen Bogen um mich machten, konnten meinen Panzer knacken. Ich fühlte, wie sie sich von mir distanzierten, zweifellos aus reiner Notwehr. Lily ging durchs Zimmer an mir vorbei und sah dabei in die andere Richtung.

»Mach die Augen auf, Richard!«, flehte meine Frau. »Tu deinen Kindern das nicht an. Du bist nicht allein mit dieser Sache.« Ich wusste, dass sie Recht hatte. Doch die Bestie saß mir im Genick. Es schien kein Entkommen zu geben. Wut richtet sich nicht nach Vorschriften. Das Feuer brennt immer weiter, und die Flammen lodern immer wieder auf. Mich in den Griff zu bekommen, wurde zu einer langen, mühsamen Angelegenheit.

Ich beschloss, mit den Kindern zu reden. Wir machten einen offiziellen Termin daraus, wie für ein Interview. »Ben, du bist 13. Du kannst mir die Wahrheit sagen«, sagte ich ruhig. »War es in letzter Zeit schwer, mit mir auszukommen?« Ben lächelte argwöhnisch und starrte mich an. »Willst du wirklich die Wahrheit hören?«, fragte er. Ich nickte, und die Schleusentore öffneten sich. »Du warst echt gemein«, fing er an, froh, sich Luft machen zu können, und redete sich zunehmend in Rage.

»Ich wollte dich anbrüllen und treten«, fuhr er fort, »aber Mum meinte, ich sollte Nachsicht mit dir haben.« Das Lächeln erstarb auf meinen Lippen. Das waren ernüchternde Worte. Gabe sah mein Blut fließen und beeilte sich, seinen

Teil beizusteuern. »Du hast dich angehört, als ob du uns total hasst.« Lily wedelte nur stumm mit dem Finger.

Das war purer Schmerz, der mir da vor die Füße gekippt wurde. Ich fand keine Worte. Eine grundlegende Veränderung würde ohnehin mehr als Worte erfordern. Die Erkenntnis traf mich hart. Ich war so mit mir selbst beschäftigt gewesen, und dabei gab es außer mir noch so viel anderes, über das man nachdenken musste. Wir Patienten liegen nicht allein in unseren Krankenbetten. Unsere Familien sind immer bei uns, ob wir sie sehen oder nicht.

Die Sonne lachte und der Himmel war besonders blau, als ich an einem Spätwintermorgen erwachte und feststellte, dass ich mich etwas besser fühlte. Solche Wahrnehmungen werden zur Offenbarung, wenn der Himmel so lange düster gewesen ist. Das Ausbleiben des Lichts am Ende des Tunnels war schwer zu ertragen gewesen. An diesem Morgen kochte ich Meredith Kaffee und bot den Kindern Pfannkuchen an. »Na, du bist ja vielleicht guter Stimmung«, sagte meine liebe Frau trocken. Ich sah sie nur an. »Ist dir überhaupt klar, wie du uns behandelt hast?«, fragte sie. Mein Starren blieb stumm.

»Man lässt seine Probleme nicht an anderen aus«, hatte mein Vater mir beigebracht. Natürlich tut man das nicht, aber man tut es eben doch, oder ich tue es jedenfalls. Vielleicht ist es unvermeidlich. Ich bin kein vollkommener Mensch. Ich konnte nicht damit aufhören, die zu verletzen, die ich doch am meisten liebe. Der alte Herr hat natürlich Recht, aber in Krisenzeiten ist es verdammt schwierig, tatsächlich nach diesen Worten zu leben. In einer Familie muss man ziemlich viel Nachsicht üben.

Die Kinder scheinen den emotionalen Preis gleich doppelt zahlen zu müssen, indem sie erst mit meinen Krankheiten und dann noch mit mir fertig werden müssen. Ihre Ängste oder Fantasien für die Zukunft, die dunklen Bilder, die durch junge Köpfe spuken, die sich mit der Krankheit eines Elternteils auseinander setzen müssen, müssen wohl sehr lebhaft sein. Meine selbstbezogene Wut machte die Last für sie nur noch schwerer.

Was kommt als Nächstes? Ich weiß, dass sich in meinem Haus kleine Köpfe im Stillen mit dieser Frage plagen. Während meine Kinder beobachten, wie ich schlechte Zeiten bewältige, verrät die Angst auf ihren Gesichtern mehr als nur die Sorge um ihren Vater. Unausgesprochen, aber nahe liegend, machen sie sich natürlich auch Gedanken um ihr eigenes Leben.

Ben weicht diesem Thema aus. »Man lernt, damit umzugehen«, sagt er ruhig. »Man tut es einfach.« Das hat er von seinen Eltern. Wie oft hat Ben diese Worte von uns zu hören bekommen? Ich mache mir Sorgen, dass sich hinter seinem gefassten Ton tiefe Ängste verbergen. »Ich glaube nicht, dass mir das passieren wird. Ich glaube es einfach nicht«, sagt Ben gelassen. Vielleicht liegt ihm die Verleugnung im Blut. Vielleicht hat er die Ausweichmanöver schon seit frühester Kindheit bei mir beobachtet und instinktiv übernommen. Vielleicht beides. Die Wärme blinder Sicherheit ist wohltuend, ja verführerisch. Aber Ben argumentiert wohl überlegt, dass jeder mit einem chronischen Gesundheitsproblem gut daran tut, seine Angst in der Schublade zu lassen. »Man kann nicht dauernd darüber nachdenken«, sagt er zu mir. Die Welt muss Kindern eine Verjährungsfrist für die übermächtigen Ängste und Verletzungen einräumen. »Früher waren deine Krankheiten eine große Sache für mich«, sagt Ben. »Jetzt habe ich mich daran gewöhnt. Ich denke, wir lernen alle, einfach zu leben.«

Ein junger Mensch, der mit Krankheit in seiner Familie lebt und sich mit einem Leiden auseinander setzen muss, das eines Tages auch seines werden könnte, ist mit Bedrohungen und Herausforderungen konfrontiert, die ihn wahrscheinlich ein Leben lang begleiten werden. Die Aussicht, dem familiären MS-Club beizutreten, muss beängstigend sein. Vielleicht sind die zuversichtlichen Sprüche, die ich von meinen Kindern höre, ihr Vertrauen in das Leben und in sich selbst, auch nur aufgesetzt.

Vielleicht hat das Ringen sie aber auch stärker gemacht. Unsere Kinder haben gelernt, sich an den Optimismus zu klammern. Sie haben keine Angst um ihre Zukunft. Sie wissen, dass sie geliebt werden. Wo immer Meredith und ich einen sicheren Weg finden, werden wir sie am Schmerz vorbeimanövrieren. Sie in unsere Arme zu schließen, ist das Wichtigste in unserem Leben. Wir umarmen uns täglich. »Weißt du was, Lily?«, frage ich sie. »Ja, ich weiß. Du hast mich lieb«, sagt sie in betont überdrüssigem Tonfall und verdreht dabei die Augen. Doch wenn man von ihrem theatralischen Getue mal absieht, hört Lily das vielleicht doch ganz gerne. Liebeserklärungen scheinen so manches Übel zu kurieren.

Ein junger Mensch, der mit der Aussicht auf eine ernsthafte Erkrankung konfrontiert ist, wird zu einem kleinen Erwachsenen, wird unter Umständen seiner Kindheit beraubt. Das werden wir in unserem Haus nicht zulassen. Ein Kind kann, einfach nur durch sein Heranwachsen, ein tiefes Verständnis für Möglichkeiten und Konsequenzen entwickeln. Diese Sensibilität, diese unbestimmte Fähigkeit des Verstehens, zeigt sich bei unseren Jungen schon deutlich. Unsere Kinder scheinen zu denken, ja wirklich zu glauben, dass ihre Welt unter der Last der Ereignisse, wie sie auch aussehen mögen, nicht zusammenbrechen wird.

Meine Kinder stellen Fragen, die mit meiner Gesundheit zusammenhängen, verlangen aber keine Antwort, hören kaum zu, wie es scheint, und wechseln dann abrupt das Thema. Doch meine Botschaften, meine beruhigenden Versicherungen müssen auf irgendeine Weise, auf irgendeiner Ebene durch diese jungen Ohren in die Köpfe dringen. Vielleicht wollen sie mich nur wissen lassen, dass es ihnen nicht egal ist. Vielleicht wollen sie das Thema nur am Leben halten.

»Lily, kann ich mit dir reden?«, fragte ich eines Abends. »Ich möchte aber lesen«, antwortete sie. »Ich möchte dich etwas fragen«, sagte ich mit sanfter Stimme. »Es ist jetzt eine Weile her, das mit den Operationen und dass ich so krank war. Es geht mir jetzt viel besser.« »Das ist schön«, unterbrach mich Lily, der die Sache vielleicht unangenehm war. »Meinst du, dass jetzt alles besser ist?«, fuhr ich fort. Lily sah weg und dachte nach, wenn auch nur einen Moment lang. »Es ist besser«, flüsterte sie. »Irgendwie.« Sie lachte und fügte hinzu: »Vielleicht.« Ich lächelte und schwieg. »Du kommst dir wohl sehr komisch vor, was?«, fragte ich schließlich. Eine kurze Pause trat ein. »Eigentlich finde ich, dass du komisch«, antwortete sie mit unbewegter Miene, »aussiehst«, fügte sie hinzu. Lily versteht es, Fragen auszuweichen, denen sie sich lieber nicht stellen möchte.

Sich durch die Krankheit hindurchzulächeln, ist ein widersinniger Plan, obwohl es mitunter Wunder wirken kann. Meine rosa Brille ist schon lange in der Schublade verschwunden, wo sie Staub ansetzt, gleich neben Merediths angeknacksten Brillengläsern der gleichen Tönung. Meredith musste ihre Träume zu früh im Leben aufgeben. Sie war wohl kaum auf eine Beziehung vorbereitet, die so sehr von Krankheiten geprägt sein würde. Aber genau das hat sie bekommen.

KAPITEL 12

Meredith

Im Frühjahr 2002 erfuhr Meredith, dass das *Ladies' Home Journal* für den folgenden September mal wieder eine Titelgeschichte über sie plante. Die Nachricht führte zu einem Spontanausbruch von schwarzem Humor an unserem Küchentisch. Ich war derjenige, der mit den bissigen Witzen über meine Darstellung als Richard, der Hauskrüppel, anfing, doch selbst Meredith, die das *LHJ* eigentlich ganz gern mag, stimmte halbherzig ein. Ich konnte die tragische Geschichte geradezu riechen, die da wieder ausgebrütet wurde.

Jetzt geht das schon wieder los, dachte ich. Das *LHJ* hatte schon im Oktober 2000 eine tränenreiche Titelgeschichte über den aufstrebenden Fernsehstar und ihren dahinsiechenden Ehemann gebracht, die mich als völlig invalide und Meredith als leidgeprüft darstellte. Auf der Titelseite und in der Inhaltsübersicht der Zeitschrift wurde mein Zustand als »herzzerreißend« und »verheerend« beschrieben. Nichts davon traf zu.

»Meredith Vieiras Tränen fließen ohne Vorwarnung«, schrieb die Zeitschrift damals. Das war der erste Satz des Artikels. Die Tränen sind echt und in unserem Haus öfter zu erleben. Merediths emotionale Schmerzgrenze weicht oft von meiner ab. Doch hinter den Tränen steht auch Stärke, und diesen Artikel mit der rührseligen Unterstellung einzuleiten, dass Meredith eine Heulsuse sei, ist völlig irreführend. Meredith kann ein ganz schön harter Brocken sein.

Ich war sicher, dass sie mich diesmal als ein noch elenderes Wrack porträtieren würden. Der Darmkrebs hatte erneut zugeschlagen, und ich hatte für die *New York Times* eine Reihe sehr ehrlicher, persönlicher Artikel über meine Gesundheitsprobleme geschrieben, die somit der breiten Öffentlichkeit bereits bestens bekannt waren. Merediths Leben würde als Seifenoper präsentiert, die noch tragischer war als zuvor. Was ich da auf uns zukommen sah, gefiel mir nicht. »Du solltest vielleicht auf der Armlehne eines Rollstuhls sitzen, während du für das Cover posierst«, schlug ich vor. »Oder vielleicht solltest du neben mir im Sauerstoffzelt liegen.« Meredith hatte eine noch bessere Idee. »Wie wär's, wenn ich einfach das entzückende kleine Schwarze raushole, das ich für deine Beerdigung gekauft habe, weißt du, unmittelbar vor der Krebsoperation«, schlug sie kichernd vor. »Ich war so enttäuscht, dass ich keine Gelegenheit hatte, es zu tragen.«

Mein pessimistisches Szenario bewahrheitete sich nicht. Der Artikel war ganz in Ordnung, aber nur, weil Meredith die Märtyrergeschichte schon im Ansatz erstickte. Zufällig rief ich Meredith auf ihrem Handy an, als sie gerade mit der Verfasserin des Artikels zu Mittag aß. »Ja, ich werde gerade interviewt«, wird Meredith in dem Artikel zitiert, »ich bin gerade an der Stelle, wo ich erzähle, wie ich mich um dich kümmern muss, weil du nur noch Schatten deiner selbst bist.« Wozu die Journalistin anmerkte: »Meine unerschütterlich freundliche Reportermiene erstarrt zu einer, wie ich mutmaße, medusenhaften Grimasse.« Ich glaube, sie hat es kapiert.

Der Artikel erschien im September 2002 unter der Überschrift *Was ich aus Liebe tat*, die anzudeuten schien, Meredith hätte sich Karrierechancen entgehen lassen, um für ihren kränkelnden Mann und ihre Familie zu sorgen. Das hätte sie sicher getan, aber es stand nicht auf dem Plan. Meredith hat in ihrer Karriere genau das getan, was sie tun wollte. Ihre Entscheidungen richteten sich danach, worin sie Befriedigung fand. Meredith liebt ihre Arbeit.

Unser Kitschdrama ist seit Jahren ein beliebtes Thema in der Promi-Presse. Der *Star*, das größte aller Käseblätter, machte den Anfang, indem er die *Geheime Familientragödie von Fernsehmoderatorin Meredith Vieira* herausschrie und, selbstverständlich zutiefst betrübt, enthüllte: »Die reizende Fernsehmoderatorin Meredith Vieira hat ein herzzerreißendes Geheimnis.« Das Geheimnis waren natürlich die MS und ich.

Nach meiner ersten Krebsattacke waren dem Klatsch Tür und Tor geöffnet. Der *TV Guide* brachte eine Story, in der meine Frau als »Super-Meredith« etikettiert wurde, die alles auf ihren Schultern tragen muss, weil ihr Mann so schwer krank ist. Und *More* schrieb Merediths Geschichte völlig um: »Aus Sorge um [Richards] nachlassende Sehkraft und Koordination wechselte sie von *60 Minutes* zu den CBS *Morning News*.« Wie bitte? Meredith wurde bei *60 Minutes* über Bord geworfen, weil sie zum zweiten Mal schwanger war und die Altherrenriege es sowieso schon satt hatte, von Meredith und ihrem kleinen Jungen zu hören, von einem weiteren Baby ganz zu schweigen.

Der kränkelnde Richard ist eine Person des Zeitgeschehens, ein fester Platz in den Annalen der Populärkultur ist mir sicher, und das bekommen meine Kinder auf irgendeiner Ebene mit. Während ich mich abmühe, ihnen ein starkes männliches Rollenmodell zu sein und harte Lektionen über Entschlossenheit und Ausdauer zu erteilen, bestehen diese Publikationen darauf, mich als jemanden hinzustellen, der irgendwo zwischen schwer beeinträchtigt und völlig hilflos dahinvegetiert. Ob meine Kinder das glauben? Etwas von dem ganzen Quatsch mag durchaus hängen bleiben, und das macht meine Aufgabe meinen Kindern gegenüber wieder ein ganzes Stück schwieriger. Außerdem macht es mich einfach rasend.

Im Laufe der Jahre habe ich mich mit den Rollen, die man uns zugewiesen hat, abgefunden: Meredith, die Märtyrerin, und Richard, das Wrack, eine Bürde, die sie zu schleppen hat. Das ist eine Version unseres Lebens, die maßgeschneidert wurde für die Klatschartikel in den Boulevardblättern und Frauenzeitschriften. Aber sie entspricht nicht der Wahrheit, denn die ist wesentlich komplexer und vielgestaltiger. Hier ist die wahre Geschichte.

Wir sind glückliche Menschen. Wir lachen viel. Meredith und ich sind schrullige Typen, die mit etwas Hilfe von Freunden über die Runden kommen. Vieira und Cohen sind keine typischen Bilderbuchamerikaner. Die Cleavers, die idyllische Fernsehfamilie der 50er Jahre, würden uns nie zum Essen einladen. Wir werden überhaupt nicht viel zum Essen eingeladen. Meredith und ich neigen dazu, für uns zu bleiben, nicht wegen der Krankheit, sondern weil wir einen Hang zur Eigenbrötelei haben und unsere Zeit gern miteinander und mit unseren Kindern verbringen.

Alles in allem sind wir ganz normale Menschen, die die Dinge einfach auf ihre Art und Weise tun. Wir sehen nicht viel fern und gehen nicht oft zum Football. Wir haben Vans und fahren sie in Grund und Boden. Ich mag keine Hotdogs und keine Marschkapellen. Ich hasse es, mich zu rasieren. Meredith hasst es, Unterwäsche zu tragen, und lässt keine Gelegenheit aus, dies ganz Amerika in *The View* mitzuteilen (wobei sie allerdings zu erwähnen vergisst, dass sie gammelige alte Trikots unter ihren schicken Klamotten trägt). Und Meredith geht nicht gern ans Telefon, weigert sich oft, auf das Klingeln zu reagieren, selbst wenn sie direkt neben dem schrillenden Gerät sitzt.

Unsere Vorstellung von Spaß ist es, Freunde in unserem Haus zu versammeln und dort Hof zu halten, zu viel Wein zu trinken und uns bis spät in die Nacht zu unterhalten. Wir mögen unsere engen Freunde, und wir sind eine eng verbundene Familie. Bei uns wohnen keine Märtyrer. Märtyrer sind bei uns unerwünscht. Aber Lachen ist erwünscht, und so hört man oft fröhliche Geräusche dröhnend laut aus offenen Fenstern schallen. Und ebenso den gesegneten Krach streitender Kinder. Verzweiflungsschreie sind dagegen reine Erfindung. Wir kommen abends nicht nach Hause, um Kerzen anzuzünden und feierlich zu trauern.

Dennoch wäre es gelogen, wenn ich behaupten würde, meine Krankheit hätte keine grundlegenden Veränderungen im Umgang zwischen Meredith und mir erzwungen, in der Weise, wie wir einander sehen und füreinander fühlen. Die Krankheit attackiert und usurpiert unser Leben, und sie hat unserer Beziehung einen hohen Tribut abgefordert. Die vielen Belastungen und Reaktionen auf gesundheitliche Krisen haben unsere Partnerschaft erschüttert und verändert, und dieser Vorgang setzt sich immer weiter fort. Das Buch unseres Lebens wird auf mitunter schmerzhafte Weise umgeschrieben, während der Kern unserer Beziehung, die uns am Herzen liegt, unter der Last der Anspannung und Ungewissheit ächzt und sich verschiebt. Unsere Beziehung ist heute ganz anders als zu Beginn.

Als Meredith mich 1983 auf Cape Cod besuchte, waren wir noch dabei, uns kennen zu lernen. Unsere Beziehung war aufregend, und wir erwärmten uns so rasch füreinander wie die zum Meer abfallenden Dünen in der Augustsonne. Meredith und ich bummelten durch Provincetown, setzten uns hin, um zu reden, tranken Wein und sahen uns herrliche Sonnenuntergänge an. Wir spielten endlos Schach, wobei Meredith lieber schummelte als verlor. Einmal kauften wir Hummer, um sie zum Abendessen zuzubereiten, doch Meredith beschloss plötzlich, sie müssten in die Freiheit entlassen werden, also befreiten wir ihre Scheren und warfen die unbeholfenen roten Riesenkrebse ins Meer zurück.

Für Meredith nahm diese Geste magische Bedeutsamkeit an. Ich zuckte nur die Achseln und sah zu, wie 25 Dollar in Richtung Portugal abtrieben. Doch dies war der Moment, in dem ich erkannte, dass Meredith es ernst meinte, und damit war es um mich geschehen. Meredith hatte bereits aufgehört, mich Rich zu nennen. Jetzt war ich Richard. Die kleinen Dinge erzählen die Geschichte. Ich schenkte ihr einen abgewetzten alten Stoffhummer, den ich bei meinen Eltern ganz hinten im Regal gefunden hatte. Meredith sollte ihn mit nach Hause, nach Chicago, nehmen. »Lass ihn im Lake Michigan frei«, sagte ich zu ihr. Ihre und meine Zukunft schienen untrennbar miteinander verbunden.

Ich hatte kaum konkrete Erwartungen, nur die Vorstellung einer ganz normalen, unkomplizierten Beziehung. Doch natürlich war mein Leben schon dabei, immer komplexer zu werden, und Meredith war so etwa der komplizierteste Mensch, an den ich hätte geraten können. Meredith kann sehr launisch sein. Sie kann auch entwaffnend sein. »Du weißt doch, wie unsicher ich bin«, sagt sie von Zeit zu Zeit. Meredith pflegte entzückend unsicher zu sein. Dann wurde sie Talkshow-Moderatorin, und jetzt weiß sie alles besser.

Ich wünschte mir inständig, meine Gesundheit wäre kein Thema. Aber die Multiple Sklerose würde ein Faktor in unserer Beziehung sein. Das war unvermeidlich. Die Grundsätze ehrlicher Werbung erforderten eine wahrheitsgetreue Darstellung meiner gesundheitlichen Situation. Wie sich die

Krankheit entwickeln würde, war ungewiss. »Ich wusste, dass du MS hattest«, sagt Meredith, »aber ich hoffte das Beste und dachte nicht über das Schlimmste nach.« Der Umgang mit der Realität war unser Beruf, aber nicht unsere persönliche Stärke. Meredith und ich schätzten die Unabwendbarkeit einer körperlichen Veränderung zum Schlimmeren und Schlimmsten nicht richtig ein. »Deine Krankheit schien so langsam voranzuschreiten«, sagt sie. »Sie schien mir nie real. Ich wusste, dass sie es war, aber man kann nicht für alles, was vielleicht passieren wird, einen Plan entwerfen«, fügt sie hinzu.

Die Multiple Sklerose bereitete Meredith kein Unbehagen, obwohl sie ein häufiges Gesprächsthema war, das meist von mir angeschnitten wurde. »Ich gab es einfach auf, über die ganze Sache nachzudenken«, gibt Meredith zu. »Die Diskussion führte zu nichts. Da war kein Problem, das sich lösen ließ. Du wirktest so gesund. Ich redete mir ein, dass das immer so bleiben würde.«

Die Gespräche über die Krankheit wurden allmählich seltener. Wir bewegten uns voran, als ob wir einen Plan hätten. Und wir blieben in Bewegung. »Du warst jemand, der gern rausging und einfach nur stundenlang in der Stadt herumlief. Weißt du noch?«, fragt Meredith. »Das war deine Vorstellung von einem Rendezvous. Einmal nahmen wir die Staten-Island-Fähre und latschten durch die ganze Innenstadt. Bestimmt erinnerst du dich noch. Mensch. Du warst so ulkig. Du hattest komische Vorstellungen von einer Verabredung.«

Wir gingen spazieren, und wir liefen. Wir liefen und liefen, an Stränden und über Landstraßen, durch den Riverside Park in Manhattan, durch den Lincoln Park in Chicago, und in fremden Ländern. Das Laufen war unser gemeinsamer Nenner, unser Gleichmacher. Meredith lief schneller als ich. Dafür lief ich weiter als sie. Wir liefen um die Wette, obwohl wir nie gegeneinander zu laufen schienen. Wir liefen gegen uns selbst, versuchten, immer noch schneller und stärker zu werden.

Das Laufen schuf einen Gleichklang, der für uns zum Symbol wurde, zum Action-Foto unseres innersten Wesens, zum Inbegriff dessen, wer wir waren und wie wir leben wollten. Meredith schien auf etwas zuzulaufen, ich vor etwas davon. »Es war, als ob du vor deinen Problemen davonlaufen könntest«, erzählte mir Meredith Jahre später.

Doch es gelang mir nicht. Letztlich zwang mich meine beeinträchtigte Gesundheit, das Laufen aufzugeben. Meredith sehnt sich offenbar nach dieser Vergangenheit zurück, nach unseren gemeinsamen Abenteuern. Ihre Augen werden traurig, wenn wir von unserem gemeinsamen aktiven Leben sprechen. »Das gemeinsame Laufen und die Bergwanderungen waren sehr wichtig für mich, für uns«, sagt Meredith. »Das war etwas, das wir gemeinsam mit unseren Kindern hätten machen können.«

Das ist eine tiefe Enttäuschung für uns beide, ein Erlebnis, das ich mit keinem meiner Kinder teilen werde. Ich sehe Ben in gleichmäßigem Schritt einen Hügel hinauflaufen, manchmal zusammen mit seiner Mutter. Ich wünschte, ich könnte dabei sein. Der Verlust unseres jahrelangen Marathons beschwört eine andere Art von Foto in Merediths Album herauf, eine Momentaufnahme der Realität, mit einem Anflug von Bitterkeit. »Du sprichst manchmal davon, beeinträchtigt zu sein. Aber ich bin auch beeinträchtigt«, sagt Meredith. »Es wäre wunderbar, wenn wir ebenbürtig sein könnten.«

Die Klage ist berechtigt. Wir sind einander nicht mehr ebenbürtig. Das Eingeständnis schmerzt, selbst auf dem Papier. Diese Zweifel ausgesprochen zu hören, die schiere Frustration meiner Partnerin, die Infragestellung einer Beziehung, die auf ein hergebrachtes Bild von Gleichrangigkeit aufbaut, erschüttert mein Selbstverständnis. Meredith hat das gute Recht, so zu fühlen. Das Gefühl der Gleichheit, das ich einst aus dem Laufen bezog, ist einem bitteren Gefühl der Unzulänglichkeit gewichen.

»Manchmal kommt es mir vor, als ob du mein viertes Kind wärst«, sagt Meredith mit einem Aufblitzen von Humor, obwohl die Bemerkung ganz und gar nicht komisch ist. Die Aussage bestätigt, was ich schon lange fühle. Meine Hände funktionieren nicht richtig. Meredith muss meine Manschetten zuknöpfen, manchmal sogar den Schlüssel ins Schloss stecken und umdrehen. Meine Augen funktionieren nicht richtig. Sie muss den Bleistift für mich finden, den ich habe fallen lassen, mir die Pfannkuchen-Backmischung abmessen. »Deine körperlichen Bedürfnisse sind manchmal sehr anstrengend«, sagt mir Meredith. Von der Ehefrau zur Mutter – eine traurige Verwandlung.

Diesen Rollentausch konnte ich schon vor langer Zeit bei meinen Eltern beobachten: Meine Mutter musste immer häufiger die Verantwortung übernehmen, als sich der körperliche Zustand meines Vaters verschlechterte. Mein Geist beschwört Bilder meiner Mutter herauf, stets an der Seite meines Vaters. Sie ist bei ihm, immer aufmerksam, immer bereit, ihn zu stützen, wenn er strauchelt. Mein Vater ist immer unsicher auf den Beinen, wirkt oft, als ob er jeden Moment stürzen könnte. Meine Mutter ist die nährende Kraft. Mein Vater ist der alte Herr. Sie ist Mom. Sie hält seinen Ellenbogen, wenn er vorsichtig auf den Bordstein tritt oder ein paar Stufen erklimmt.

Meredith hat sich mir gegenüber die gleichen fürsorglichen Gesten angewöhnt. Die Bewegungen sind unaufdringlich, fast unbewusst. Selbst wenn sich Meredith mit jemand anders unterhält, ist ihr Radar immer aktiv. Sie taucht einfach in kritischen Momenten auf, schaut irgendwo anders hin, scheint mit den Gedanken woanders zu sein, und passt doch auf mich auf wie ein Luchs. Dieses Lauern im Hintergrund ist eine Kunst, die man im Laufe der Zeit erlernt.

Früher einmal war das alles anders. Wir waren gleichwertig, im Privatleben wie im Beruf. Meredith war Korrespondentin vor der Kamera, ich Produzent hinter den Kulissen und damit unsichtbar. Meredith saß auf einem Thron; ich wurde eine Art graue Eminenz. Ich verdiente mehr als Meredith, eine Laune des Schicksals, von der wir wussten, dass sie sich bald ändern würde. Aber keiner von uns zählte die Dollars oder die persönlichen Erfolge. Meredith und ich erfreuten uns an unseren beiderseitigen Chancen und unserer Stärke, an uns selbst und unserem Miteinander. Wir liebten unser Leben.

Das änderte sich, als ich zu fallen begann. Ich entwickelte zuerst eine gelegentliche Taubheit in den Gliedmaßen, dann ein zunehmendes Hinken, bis die Stürze schließlich unvermeidlich wurden. Als sie einsetzten, bekam mein starkes Selbstbewusstsein, mein kugelsicherer Panzer, die ersten Risse. Die kleinen Missgeschicke, kurze Abstürze mit harter Landung, endeten auf sicherem Boden. Doch das wiederholte Stolpern und Stürzen summierte sich und brachte die Demütigung öffentlichen Versagens mit sich. Was macht dieser Junge allein auf der Straße?, dachte ich über mich selbst.

Die Selbstzweifel färbten auf meine Ehe ab und wurden zu Zweifeln an mir. »Ich begann, dich anders zu sehen, als du zu fallen anfingst«, sagt Meredith. »Du gingst aus dem Haus, und irgendwelche Dinge passierten. Du warst so verstört, wenn du nach Hause kamst. Ich machte mir immer mehr Sorgen.« Was Meredith nicht sagt, ist, dass sie zunehmend das Vertrauen in meine Fähigkeit verlor, auf mich selbst gestellt und ohne böse Folgen zu funktionieren.

Im Geiste sah ich, wie Meredith sich entfernte. Je mehr ich an meinen Fähigkeiten zweifelte, desto stärker wurde auch mein Zaudern, einfach loszugehen und erfolgreich zu sein. Und desto unattraktiver fühlte ich mich. Meine nachlassende Motivation, mich beruflich zu engagieren, strahlte offenkundige Schwäche aus. Einen Mangel an Stärke zu vermitteln, tut weder einer Ehe noch sonst einer engen Beziehung gut. Wer will schon einen Wackelpudding umarmen? Ich spürte die Distanz zwischen uns, und ich denke, Meredith auch.

Das Ungleichgewicht zwischen Meredith und mir, die sich auftuende Kluft zwischen ihrer und meiner Selbstsicherheit und Selbstachtung, waren sehr ausgeprägt. Mitte der 1990er erlebte Merediths Karriere bei *The View* einen steilen Aufschwung, während mir klar geworden war, dass ein konventioneller Job, überhaupt jede Art von geregelter Arbeit, wohl außerhalb meiner körperlichen Reichweite lag. Meine Bitterkeit schwärte im Stillen vor sich hin, nur für meine Frau sichtbar, deren einziges Vergehen ihr überwältigender Erfolg war.

Ich missgönnte Meredith ihren hart errungenen Aufstieg nicht, aber unsere Beziehung veränderte sich radikal. Verantwortungen verschoben sich, Rollen wurden getauscht. Die Machtverhältnisse in unserem Haus gerieten aus dem Gleichgewicht. Meredith und ich hatten keine traditionellen Erwartungen oder Vorstellungen, welche Rollen Männer und Frauen im Eheleben übernehmen sollten, doch diese Veränderungen trafen mich hart.

Geld war weder für Meredith noch für mich je ein bestimmender Faktor. Wir verdienten beide genug Geld, um so zu leben, wie es uns gefiel. Finanzielle Fragen waren kein Thema, bis die Kinder kamen und damit die Notwendigkeit, für ihre Zukunft zu planen. Meredith arbeitete vor der Kamera, und ihr Einkommen stellte meins seit langem in den Schatten.

»Wie fühlt sich das an, wenn deine Frau so viel mehr verdient als du?«, räsonierten Freunde und Bekannte. Manche fragten mich das tatsächlich in diesen Worten. »Es ist mir ausgesprochen peinlich«, antwortete ich, »den ganzen Weg bis zur Bank.« Dennoch nährte das enorme Missverhältnis zwischen dem, was wir nach Hause brachten, mein Gefühl, nicht genug zu leisten. Irgendwas war verkehrt, wenn Meredith die Brötchen verdiente, während ich nur kleine Brötchen backte.

Meredith tut, was sie tun möchte, sagte ich mir, sie tut es nicht, weil sie es muss. »Jeder möchte gern versorgt werden«, hält mir Meredith entgegen. »Ich wünschte, ich müsste nie arbeiten. Du willst mir das nie glauben, aber es stimmt.« Es ist hart, diese Worte zu hören. »Natürlich, wenn ich die Art von Leben hätte, würde ich mir vermutlich eine Karriere wünschen«, fügt sie hinzu. Meredith lacht, aber sie sieht ihr Leben von beiden Seiten. »Du würdest dich langweilen, wenn du zu Hause bliebest«, sage ich zu ihr. »Das käme auf einen Versuch an«, antwortet sie. Aber Meredith liebt ihre Arbeit mehr, als sie zugeben möchte. Aufhören? Ich kann mir Meredith nicht zu Hause vorstellen, wie sie die Katze mit den neuesten Nachrichten über ihre Garderobe unterhält, während die Kinder in der Schule sind.

Ernster wird die ganze Sache da, wo es um die alltägliche Routine und die Strapazen mit den Kindern geht. In den Vororten liegt alles weit verstreut, und wir müssen viel mit dem Auto fahren. Ich bin zum ewigen Beifahrer degradiert, habe bestenfalls den Status eines Kopiloten. Meredith ist der Kapitän und hat das Steuer in der Hand, und so sehen wir einander mit anderen Augen. Dieses Ungleichgewicht ist ein Beispiel dafür, wie eine Beziehung nach und nach neu definiert wird.

Manchmal bin ich auch gar nicht mit im Auto. Es ist oft einfacher, zu Hause zu bleiben. Ich bleibe daheim, um das eine oder andere Kind zu hüten, sitze auf der Veranda, schlürfe Tequila und lese irgendeine Biografie, während Meredith ihre Abende damit zubringt, in der Gegend herumzufahren, Wagenladungen von Kindern zu Wochenendpartys zu karren und dann die Zeit totzuschlagen, bis es so weit ist, sie wieder abzuholen. Sie kauft Geburtstagsgeschenke und jongliert mit Terminen, um Kinder zu irgendwelchen Veranstaltungen zu bringen und immer gerade eben noch pünktlich zu kommen.

»Ich wünschte, du könntest Auto fahren«, sagt Meredith entnervt. »Ich kann es aber nicht, Meredith«, lautet meine stereotype, betont ruhige Antwort. »Ich weiß, dass du es nicht kannst, Richard«, räumt sie entschuldigend ein. »Ich wünschte nur, du könntest.« Natürlich. »Das wünschte ich auch«, behalte ich das letzte Wort. Gestatten: Sisyphus und sein Felsblock. Ich würde die Tequilaflasche und das Buch nur zu gern gegen die Autoschlüssel tauschen. Meredith hasst das Autofahren. Ich liebe die Straße. Ein Auto würde Freiheit bedeuten. Ich wünsche mir nur, irgendwann, und sei es nur ein einziges Mal, noch mal auf der Fahrerseite einzusteigen, mich hinter dem Lenkrad zurechtzusetzen, die Kupplung durchzutreten, den Gang einzulegen und loszubrausen.

Ich bin ein Problem, und in meinen schlimmsten Augenblicken denke ich, es wäre besser, wenn ich verschwände. Aber ich habe eine Familie und deshalb werde ich das nicht. Ich bin und bleibe hier. Ich muss einfach einen klaren Blick behalten und mich daran erinnern, was wichtig ist. Meine mangelnde Sehkraft und meine ungeschickten Finger entziehen die tausend kleinen Aufgaben des Elterndaseins und der Partnerschaft meiner Reichweite. Auch damit leben wir. Meredith leidet schweigend; es ist ihr zur Routine geworden. Obwohl ich mich nie an die Situation gewöhnen kann, scheint sie ihr inzwischen in Fleisch und Blut übergegangen zu sein.

Auf direkte Fragen nach Träumen, Enttäuschungen und Bedauern reagiert Meredith nur mit ausdruckslosem Blick und Achselzucken. »Es ist, wie es ist, Richard«, sagt sie emotionslos und fügt hinzu: »Ich finde es ziemlich selbstbezogen, die ganze Sache so zu zerpflücken. Man kann im Leben nichts voraussagen. Ob ich mir wünsche, wir könnten die Uhr auch nur drei oder vier Jahre zurückdrehen? Aber klar.«

Diese Phase unseres Lebens vor drei oder vier Jahren, vor dem Krebs, war eine Grenzzone zwischen der relativen Ruhe und dem Beginn der wirklich schwer wiegenden Probleme. Vor dem Krebs hatte unser Dasein einen Rhythmus gefunden. Trotz aller Frustrationen, Leiden und Kämpfe mit der MS schienen wir Frieden mit unserem Leben geschlossen zu haben. Ungeachtet meiner vielen Beschränkungen bereicherte ich das Leben meiner Familie um Stabilität und ein gewisses Maß an gesundem Menschenverstand.

Der Darmkrebs änderte alles. »Der Krebs«, sagt Meredith und verzieht das Gesicht. »Wamm. Aus heiterem Himmel. Gleich zweimal.« Sie unterbricht sich. »Das würde ernst werden. Ich wusste es.« Der Darmkrebs war aus dem Nichts aufgetaucht, kam um die Ecke gefegt wie ein Rennwagen auf einer schnellen letzten Runde in Indianapolis. Diese Krankheit hat uns über den Haufen gefahren und übel zugerichtet.

Meredith vergisst das Schlimmste oder besitzt eine unglaubliche Bereitschaft zu vergeben. »Du wirst in diesem Haus geliebt, Richard«, sagt sie mir. »Ich liebe dich. Die Kinder lieben dich.« Eine kurze Pause. Sie lacht leise. »Wir können es nur nicht mit dir aushalten.« Ich bin von Komikern umgeben. Es wird viel gelacht, wenn auch manchmal etwas gezwungen. Es fällt uns nicht immer leicht, die Dinge leicht zu nehmen.

Wir unterscheiden uns nicht von anderen amerikanischen Familien, die mit Krankheiten zu kämpfen haben. Vielleicht ist unser Gepäck etwas schwerer, vielleicht schweben wir manchmal etwas höher über den Wolken. Als Familie ringen wir darum, alles zu haben. Meredith fühlt sich manchmal sehr allein. »Du bist ein Träumer«, beschuldigt sie mich. »Ich sorge dafür, dass alles nach Plan läuft«, sagt sie und bezieht sich damit auf den logistischen Albtraum des Elterndaseins, das unablässige Bemühen, den Kindern durch die Minenfelder hindurchzuhelfen, die vor ihnen liegen. »Du bist derjenige, der krank ist. Du hast einen furchtbaren Preis bezahlt. Ich möchte nur, dass die Kinder seelisch gesund bleiben.«

Das ist das Entscheidende in unserem Leben, und auch Meredith kämpft darum, emotional unversehrt zu bleiben. »Ich war immer eine Optimistin«, sagt Meredith. »Das Leben würde morgen besser sein als heute. Das glaubte ich. Ich war ein glücklicher Mensch, weißt du, nahezu sorgenfrei. Ich fürchte, damit ist es vorbei«, sagt sie mit fester, resoluter Stimme.

Früher einmal waren wir nahezu sorgenfrei. Lange Zeit klammerten wir uns an die Vorstellung, das Leben sei ein Abenteuer. In unseren Zwanzigern und Dreißigern erlebten wir große Chancen und wenig Leid. Dann wurde uns die Rechnung präsentiert, und wir mussten erwachsen werden. Eine Hypothek und ein paar Kinder räumen mit einem sorgenfreien Leben ziemlich rasch auf. Die Krankheit ist da nur das unselige Tüpfelchen auf dem i.

Doch nur zu oft ziehen die körperlichen und seelischen Qualen der Krankheit auch Partner und Kinder in Mitleidenschaft. Das ist eine bedauerliche Wahrheit. Wenn die Bewältigung eine Familienangelegenheit ist, haben meine Frau und meine Kinder einen großen Anteil daran. Auch sie sind Opfer. Wir tragen die gleiche Kleidung und nehmen die gleichen Mahlzeiten zu uns. In vielerlei Hinsicht sind wir ein und dieselbe Person. Die Bürde, die meine Familie trägt, ist genauso schwer wie meine. Das gilt vor allem für Meredith. Der Krebs und die Multiple Sklerose haben mir den Boden unter den Füßen weggezogen, aber sie weiß, dass sie diejenige ist, die stehen bleiben muss.

Stehen bleiben wird zur Umschreibung für die Aufgabe, das emotionale Wohl und Gleichgewicht anderer zu bewahren und überhaupt alles zusammenzuhalten. Meredith hat das Gefühl, wie Atlas die Welt auf ihren Schultern zu tragen. Wenn sie die Dinge etwas leichter nehmen könnte, würde sie bemerken, wie hell die Sonne auf ihre Welt scheint. »Wir haben ein gutes Leben«, räumt Meredith ein. »Ich schaue mich um und sehe, was wir aufgebaut haben. Unsere Kinder. Und ich bin dankbar.«

Und ich bin ihr dankbar. Meredith ist für uns da. Sie ist der Klebstoff, der unsere Familie zusammenhält. Andere zu umarmen, ist ihr Beruf. Doch es braucht kein rotes Licht auf der Kamera, damit Meredith auf Sendung geht. Meredith ist ununterbrochen auf Sendung. »Ich fühle mich so müde. Immerzu«, seufzt Meredith. »Ich weiß, dass das wichtigtuerisch klingt«, setzt sie hinzu, »aber ich habe Angst, wenn mir etwas passiert, etwas Schlimmes …« Sie schweigt einen Moment. »Ich habe Angst, dass dann alles zusammenbricht.«

Wenn Merediths Beispiel etwas lehrt, dann Überlebenskunst.

KAPITEL 13

Stehaufmännchen

Der Fußmarsch vom Zug nach Hause versprach an diesem schwülen Sommertag zum senkrechten Anstieg zu werden. Der Hügel, ein vorstädtischer Mount Everest für einen Körperbehinderten, der einen schlechten Tag hat, ragte bedrohlich in den Himmel auf. Die Spätnachmittagssonne war sengend heiß; die Temperaturen lagen bei 38 °C mit steigender Tendenz.

Meine Anrufe aus dem ratternden Zug nach Hause waren zu Notrufen geworden, auf die sich niemand meldete. Das endlose Klingeln bedeutete, dass mich niemand mit dem Auto von der Station abholen würde. Der Hudson lag fast still da, als ich aus dem Zug stieg; die heiße Luft flimmerte im Dunst über den winzigen Wellenkämmen des Flusses.

Hitze ist eine Feindin der MS, wie Gabe und ich schon ein Jahr zuvor leidvoll hatten erfahren müssen. Ich versicherte mir selbst, dass ich mich stark fühlte und es diesmal leichter sein würde. Das ist es nie, aber die Hoffnung bleibt. Ich begann, die im Zickzack verlaufenden Straßen und Wege emporzuklimmen. Bald schon zog ich die Füße nach, stolperte, schwankte von einer Seite zur anderen, mein Gleichgewicht völlig aus dem Lot, während der Schweiß in Strömen floss. Ich kämpfte darum, auf den Beinen zu bleiben. Mein rechter Arm brachte die Kraft nicht mehr auf, meinen Sakko zu tragen. Die linke Hand brauchte ich für den Stock, also musste ich den Sakko wieder über meinen schweißnassen Körper drapieren.

Autos sausten vorbei, während ich weiterkletterte, torkelnd und schwankend wie ein Betrunkener. In diesem Ort, dessen Bewohner einander sonst mit Selbstverständlichkeit helfen, starrten die Autofahrer nur ausdruckslos durch ihre Fenster und fuhren schweigend weiter. Wer will schon einen Besoffenen mitnehmen? Ich blieb häufig stehen, um mich auszuruhen, lehnte mich an geparkte Autos, hielt mich an Bäumen fest oder jedem anderen unbelebten Gegenstand, der sich dazu hergab. Als ich frontal gegen einen Telefonmast rannte, erfolgte die Kollision im Zeitlupentempo; mein Gang war so langsam, dass ich den Aufprall kaum spürte.

Endlich kam ich zu Hause an, taumelnd; Rucksack und Sakko fielen draußen vor der Tür zu Boden. Diese schweißtreibende Quälerei war mir nur zu vertraut, die Strapaze dieses Tages bloß eine weitere Erinnerung daran, wie steil die Hügel des Lebens sein können. Aber die Qual war mehr seelischer als körperlicher Natur. In solchen beschämenden Situationen überkommt mich eine unbestimmte Wut. Wieder einmal wurde mir meine torkelige Schwäche unter die Nase gerieben. Ich wurde wieder zum Kind. Sicher war es irgendwie meine Schuld, dass ich diesen Hügel nicht eleganter bewältigen konnte. Irgendwo im Inneren hatte ich das Gefühl, diese Pein verdient zu haben. Ich verspüre eine Wut auf mich selbst, die einfach nicht weggehen will.

Natürlich ist diese bittere Reaktion widersinnig. Meine Krankheiten wurden mir aufgezwungen; ich habe sie mir nicht per Katalog ins Haus bestellt. Trotzdem fühle ich mich in meinem Wert als Mensch gemindert. Vielleicht wende ich die Wut gegen mich selbst, weil keine geeignetere Zielscheibe in Sicht ist, und ich einfach nicht akzeptieren kann, was aus mir geworden ist.

Ein reduzierter Mann lebt im Obergeschoss meines Hauses. Dieser Mann müht sich jeden Tag, über das hinauszusehen, was ihm genommen wurde, um in Augenschein zu nehmen, was ihm bleibt, und sich an dem zu erfreuen, was er in seinem Leben immer noch vollbringen kann. Die entscheidende Schlacht mit der Krankheit wird um die hohe Warte der seelischen Gesundheit geschlagen, darum, Einschränkungen zu akzeptieren und zugleich nach der Verwirklichung des Traums von einem erfolgreichen Leben zu streben. Kurz gesagt: Ich kämpfe darum, Frieden mit mir selbst zu schließen.

Das Bemühen um diesen Frieden ist zu einem endlosen Ringen um Selbstachtung geworden. Es ist eine gefährliche Reise, auf der es unzählige emotionale Minenfelder zu überqueren gilt. Der Feind bin ich, und ich beobachte mich genau. Ob ich meinen Weg finde, ermisst sich aus der Distanz zwischen den einstigen hohen Erwartungen an mein Leben und der bezwingenden, nackten Realität des heutigen Tages. Dies ist die Zeit der Abrechnung, einer knallharten Bewertung meines Lebens.

»Meredith, ich kann das einfach nicht mehr«, lautet mein wiederkehrendes Mantra angesichts körperlicher Herausforderungen, die mir früher als Selbstverständlichkeit erschienen sind. Socken anzuziehen ist zu einem mühsamen Unterfangen geworden. Mit beunruhigender Häufigkeit muss ich zugeben, dass meine Beschränkungen immer mehr zunehmen, und es ist kein Ende in Sicht.

Mein langer Marsch spiegelt sich in den Augen meiner Kinder, den Armen meiner Frau. Ich bin mit dieser Sache nicht allein. Meine Lieben kartografieren mein Leben, weil wir diese Reise zusammen unternehmen. Meine Ziele sind vage: Morgen mehr mit mir im Reinen zu sein als heute und mich in die Richtung voranzubewegen, die ich vor so vielen Jahren vorgezeichnet habe.

Frieden mit mir zu schließen und diesen Grad an Wohlbefinden in denen gespiegelt zu sehen, die mir am meisten bedeuten, darum geht es bei dieser Reise. Meine Familie richtet sich in diesen Punkten nach mir. Sie hält sich in meiner Nähe auf und beobachtet mich. Die Kinder passen ihre Sicht auf unsere Beziehung automatisch an ihre Wahrnehmung an, wie ihr Dad ihnen gegenüber eingestellt ist, und das heißt meist, wie ihr alter Herr mit sich selbst zurechtkommt. Meine Selbstachtung schwankt mit den Frustrationen des Augenblicks.

Ein Mann mit schwer wiegenden Beschränkungen ist Mitbewohner unseres Hauses. Er trauert um die Enttäuschungen seines Lebens, freut sich über seine Erfolge. Dieser Mann schleicht im Obergeschoss umher wie der klassische Verrückte im Film, der Typ mit dem irren Blick und dem wüsten Haar. Als Schöpfung meines geistigen Auges prüfe ich mich selbst und urteile oft hart über mich. Ich möchte mehr tun, und ich fühle mich wie ein Mutant. Und das tut weh.

Das sind heimliche Gedanken, die ich anderen Menschen nur selten anvertraue. Aber sie sind da, und mein Gefühl der Unzulänglichkeit ist sehr stark. »Ist es dir manchmal peinlich, mit mir gesehen zu werden?«, fragte ich Meredith eines Tages frustriert. »Ja«, antwortete sie rasch, »aber nicht aus den Gründen, an die du denkst.« Es war kein Lachen zu vernehmen. »Du musst diese fixe Idee überwinden, dieses Problem, das du mit dir selbst hast«, fügte sie hinzu.

Leichter gesagt als getan. Der Schmerz sitzt so tief. Ich tue mir täglich körperlich weh. Die kleinen Verletzungen eines Menschen, der seinen Körper nicht mehr unter Kontrolle hat: Ich klemme mir den Finger im Fenster, stolpere auf der Treppe, remple gegen den Türrahmen. Ich bin ein Weltmeister im Auf-die-Nase-Fallen, und jedes dieser vorhersehbaren Missgeschicke bringt Schmerzen mit sich. Viel schlimmer ist der seelische Schmerz. Mein Schrei bleibt stumm, doch er hallt minutenlang in meinen Ohren wider. »Kannst du diese Scheiße fassen?«, frage ich niemand Bestimmten. »Kannst du glauben, dass *ich* mir das angetan habe?«

Das Gefühl, dauernd Schläge einzustecken, lässt sich durch noch so gutes Zureden nicht verscheuchen. Mein Körper ist mürbe geworden. Viel zu oft sacke ich zusammen, sehe zu Boden, statt in die Ferne zu spähen. Ich fühle mich schwach, weil ich die Realitäten meines Lebens anerkenne. Wir leben in einer Kultur, die Stärke verherrlicht. Männer sind stark und selbstsicher. Ich bin geschwächt und auf die Hilfe anderer angewiesen. Es gibt kein Entkommen vor dem Rost, den mein Körper ansetzt.

Ich muss mich über die Kultur der Vollkommenheit erheben und mich daran erinnern, dass ich *sein* kann, selbst wenn ich nicht mehr *tun* kann. Ich lerne, Schwäche einzugestehen, Hilfe anzunehmen und neue Formen der Selbstdefinition zu finden. Meine Rezeptur hat sich geändert. Ich lese keine Männermagazine, die egozentrische Nabelschau betreiben, und gehe nicht in Vin-Diesel-Filme. Ein neues männliches Ideal muss her und könnte mich vielleicht retten. Ich muss es mir eben selbst erschaffen. Ich kann es mir nicht leisten, Gefangener meiner alten Träume zu bleiben.

Erfolge messen sich heute an anderen Maßstäben, bestehen eher in intellektuellen Leistungen und drehen sich oft um das Leben meiner Kinder. Diese Kinder *sind* das Zentrum meines Lebens. Karrieren werden zu Jobs, und früher oder später erkennen die meisten von uns, dass berufliche Anerkennung nicht alles im Leben ist. Mit gesundheitlichen Problemen fertig werden zu müssen, ist eine große Hilfe dabei, solche Verschiebungen der persönlichen Prioritäten herbeizuführen.

Das Leiden zu sehen, das aus Krankheit erwächst – und ich sehe es überall um mich –, hat mich verändert. Es hat mich milder gemacht, obwohl Meredith das vielleicht nicht glauben mag. Mir ist dadurch deutlicher geworden, was meine Kinder meiner Meinung nach lernen sollten. Ich möchte, dass sie gute und sensible Erwachsene werden und erkennen, dass sie im Leben mehr Glück gehabt haben als viele andere. Und sie sind auf dem besten Wege dazu.

Meine Kinder wachen über mich. Dass sie sich schon in jungen Jahren um jemand anderen sorgen mussten, hat ihnen den Narzissmus der Jugend ausgetrieben. Das ist nicht unbedingt schlecht. »Vorsicht, Dad«, warnt mich Gabe. »Fall nicht über diese Wurzeln.« Wir sind vom Bürgersteig abgekommen, und er macht sich Sorgen um mich. Wir gehen mit unseren Kindern und ihren Freunden ins Kino. Der Film läuft in einer von New Yorks Multiplex-Monstrositäten. Die endlosen Rolltreppen tragen uns immer höher. Die Menschenmassen sind erdrückend. Jedes Mal, wenn sich die Rolltreppe dem nächsten Stockwerk nähert, dreht Gabe sich um und ruft: »Vorsicht, Dad. Da kommt das Ende. Fall nicht hin.«

Wie die meisten Eltern habe ich mir immer nur vorgestellt, mich um die Meinen zu kümmern. Ein Kind, das sich schon in jungen Jahren um ein Elternteil kümmern muss, das schien mir wider die Natur. Meine Sichtweise hat sich verändert. Auch die Liebe eines Kindes kann sich in herzlichen, bedeutungsvollen Gesten äußern. Meine Kinder lernen wichtige Lektionen über das Leben. Dass Menschen nicht immer perfekt sind. Dass manche von uns Hilfe brauchen. Wertvolle Lektionen.

Ich bemühe mich, das Schuldgefühl abzuschütteln, das ich empfinde, weil meine Kinder mit meinen Problemen leben müssen. Meine Kinder sind wunderbare Freunde, und wenn sie mir zu Hilfe eilen, habe ich inzwischen kein ganz so schlechtes Gewissen mehr, dass es nicht umgekehrt ist.

Außer dem Hund spielt jeder im Haus das Spiel mit. Wir sind in der Küche zugange. »Richard, lass mich das machen«, sagt Meredith, als sie das Glas splittern hört, und greift rasch nach dem Besen. »Dafür siehst du nicht gut genug.« Ich krümme mich innerlich und schweige. Wir fahren die Straße entlang. »Warte doch gerade im Auto«, schlägt Meredith vor, als sie aussteigt, um ein paar Besorgungen zu machen, an denen ich mich eigentlich beteiligen sollte. »Es dauert nur eine Minute.« Ich warte. Ben und ich schlendern durch unseren Ort. »Dad, da ist eine Bank«, sagt Ben. »Warte doch hier, o.k.? Es ist ein weiter Weg bis zum Laden. Ich komme gleich zurück.« Und ich setze mich hin.

Das sind Szenen aus meinem Leben. Ich bin der jämmerliche Kerl, der sich ziemlich klein vorkommt neben der schönen und längst überlebensgroßen Hauptdarstellerin. Dauernde Kompromisse fordern auf die Dauer ihren Tribut; der Körper, einst in Bewegung, ist jetzt in Ruhe und wird es wohl bleiben. Dies ist nicht die Choreografie vereinzelter schlechter Wochenenden, eine einmalige Verstauchung des Knöchels oder Entzündung des Knies. Die Zuschauerrolle am Spielfeldrand ist zur Lebensgewohnheit geworden. Und die psychologischen Nebenwirkungen summieren und multiplizieren sich und wiegen immer schwerer.

Ein Mann, der stärker ist, als er selbst weiß, geht jeden Tag die Treppe in meinem Haus hinunter. Ich habe einen dreißigjährigen Krieg mit meinem Körper und unzählige Kämpfe mit meiner Psyche überlebt. Die Resignation dominiert. Aber auch die Entschlossenheit. Letztlich setzt sich die persönliche Stärke durch. Meine Hoffnung stirbt nie. Und ich bezeichne mich immer noch als Optimisten. Ich glaube, dass mein Leben letztlich besser wird. Das ist der Grund, warum ich es immer noch in der Hitze den Hügel hinauf schaffe.

Dieser von Krankheit gezeichnete, reduzierte Mann muss einen Weg finden, zu leben, auch wenn er seiner Kraft beraubt ist. Er braucht eine Perspektive. Was einst zwingend schien, muss durch Ziele von höherem Wert ersetzt werden. Der Journalist, der in der Fremde durch von Menschenmassen wimmelnde Straßen sprintete, fehlt mir, aber er ist nicht mehr so wichtig wie einst. Das kichernde Kind, das seinen Vater herausfordert, mit ihm Fangen zu spielen, obwohl seine Beine dafür nicht mehr stark genug sind, ist von größerer Bedeutung.

»Schau mich an, Ben!«, rufe ich stumm in einem Wachtraum. »Du musst den Schläger so halten«, denke ich, während ich zusehe, wie sich der Junge das beibringt, was ich ihm nicht mehr zeigen kann. Ich sehne mich danach, ein kraftvolles, männliches Rollenmodell zu sein, teils aus angeborenem Narzissmus, aber mehr noch, um das Rollenmodell zu sein, das mir als Kind zuteil wurde. Mein alter Herr war alles, was ich mir von ihm wünschte. (Seine Krankheit trat erst zutage, als ich schon aus dem Haus war.) Ich bin nur das, was meine Kinder sich wohl wünschen müssen, dass ich sein könnte.

Der Traum, ein unerschrockener, unbesiegbarer Dad zu sein, ist zählebig: Die Kraft flackert, lebt vor meinem geistigen Auge kurzfristig wieder auf. Ich eile frühmorgens die Treppe hinunter, lasse mich im Arbeitszimmer in einen Sessel fallen, fädele eine Nadel ein und nähe rasch einen losen Knopf am Anzugshemd fest. Dann stopfe ich das knittrige Hemd hastig in meine Sporttasche. Ich bin in Eile.

Ich schütte meinen Kaffee hinunter und rufe zu einem meiner Söhne die Treppe hinauf, er solle sich seinen Tennisschläger schnappen und sich beeilen, damit wir aufbrechen können. Denk an die Autoschlüssel, mahne ich mich. Los, los, rede ich dem jungen Mann zu, der noch nicht ganz wach ist. Ich habe in einer Stunde ein Meeting. Wir wollen doch vorher noch einen Satz spielen. Ich springe ins Auto. Der Motor heult auf. Ich trete die Kupplung mit meinem starken linken Bein, lege den Gang ein, und es geht los. Diese Fantasie ist nur Selbstquälerei. Die Sehnsucht sitzt tief, aber sie führt nirgendwohin.

Frustration mischt sich mit Traurigkeit, wenn ich daran denke, was meinen Kindern und mir entgeht, die lebendige Kameradschaft eines Vaters und seiner Kinder mit einer gemeinsamen Begeisterung für das aktive Leben. Die Jungen haben sich für den Sport entschieden, Lily für die Bühne. Das schreckliche Gefühl, die Träume meiner Kinder verraten zu haben, ist wie ein stechender Schmerz. Können meine Kinder zu einem Mann aufblicken, der die Augen niederschlägt? Andere sagen, das wäre alles nur Einbildung von mir. Die Kinder kümmern sich um ihre Angelegenheiten und scheinen dabei nur einen Vater zu sehen, einen Mann, der sie liebt. Vielleicht haben sie überhaupt keine Vorstellung von einem »reduzierten Mann« oder vielleicht denken sie nicht in solchen Begriffen.

Meine Kinder wissen, was ich nicht mehr tun kann. Es besteht kein Grund zu der Annahme, dass über meine Schwäche hart geurteilt wird, außer natürlich durch meinen schärfsten Kritiker. Mich. Wenn ich mit den Jungen Ball spiele, wird der Ball langsam über den Boden zurückgerollt, wo ich ihn sehen kann. Mein schwacher rechter Arm schleudert ziellose Würfe, die verziehen und großmütig wieder eingesammelt werden. Die Kinder sehen alles und vergeben so gut wie alles. Ich selbst scheine dazu nicht in der Lage zu sein.

Was an mir nagt, ist die Vorstellung, dass ich in den Augen meiner Kinder sicherlich unzulänglich erscheinen muss. Ich glaube zwar, es ist für sie wichtig, überhaupt mit mir Ball zu spielen. Die Bedingungen des Spiels sind zweitrangig. Aber sicher wünschten sie sich noch mehr. Meine Kinder lassen sich nicht leicht unterkriegen; das haben sie von ihren Eltern gelernt. Vielleicht bin ich ein Rollenmodell auf einem Gebiet, das wichtiger ist als der Sportplatz.

Aber ich kann nicht aufhören, mich wie ein Kind zu fühlen. »Lass uns ins Kino gehen«, schlägt die kleine Lily vor. »Wir können mit dem Taxi fahren«, fügt sie hinzu, bevor ich sie daran erinnern kann, dass ich nicht mehr Auto fahre. Abhängigkeit kann eine furchtbare Nebenwirkung der Krankheit sein, selbst wenn sie den anderen Familienmitgliedern zur Routine geworden ist.

Wenn meine Kinder erwachsen und aus dem Haus sind, was werden sie dann von ihrem Zusammenleben mit mir in Erinnerung behalten? Werden ihnen die körperlichen Mängel ihres Vaters im Gedächtnis bleiben, weil ein kranker Elternteil vielleicht ein unvergesslicher Anblick ist, oder werden sie sich lieber an etwas viel Besseres erinnern? Ich mache mir Sorgen, dass sich ihre Erinnerung auf den reduzierten Mann konzentrieren wird, den ich im Spiegel zu erkennen glaube. Mit all diesen Zweifeln und schmerzlichen Fragen werde ich meinen Kindern vielleicht nicht gerecht. Vielleicht werden sie sich entschließen, das zu vergessen, was ich nicht vergessen kann. Was ich nicht tun konnte, wird vielleicht weniger Bestand haben als das, was ich getan habe.

Gabe ist ein Kind, das körperliche Berührungen und Umarmungen braucht. Wenn ich ihn abends ins Bett bringe, bittet er mich, seinen Rücken zu kraulen und seine Beine zu massieren. Er legt die Arme um meinen Hals, küsst mich und sagt einfach nur: »Ich hab dich lieb, Daddy.« Dann weiß ich, dass er an diesem Tag mehr als meine Macken und Mängel registriert hat. Gabriel bekommt etwas von mir. Irgendwo tief drinnen, auf irgendeiner Ebene verborgen oder verschüttet, versteht meine ganze Familie wohl doch, dass der eigentliche Mensch nicht in den Turnschuhen, sondern in der Seele steckt. Warum kann ich selbst dieses Kapitel für mich nicht abschließen?

Wie reduziert bin ich? Bin ich ein unvollständiger Mensch? *Reduziert* ist ein subjektiver Begriff, das weiß ich, eine Frage des Blickwinkels. Meine Vorstellung von einem beeinträchtigten Körper ist vielleicht ganz anders als Ihre. Als John Patterson, ein beliebter Professor der Columbia University, im ersten Semester meines Journalistikstudiums starb, hielt Walter Cronkite eine Gedenkrede über ihre gemeinsamen Zeiten beim Radio. Walter sprach mit großer Wärme über diesen Mann im Rollstuhl. »John hatte kurz nach dem Zweiten Weltkrieg beide Beine verloren«, sagte Cronkite bei der Trauerfeier, »aber er war dadurch nicht reduziert.« Walter machte eine kurze Pause. »John strafte die althergebrachte Behauptung Lügen, dass diejenigen, die etwas können, es tun, während diejenigen, die nichts können, unterrichten.«

Die Fähigkeit, etwas zu tun, spukt immer noch in meinem Kopf herum, obwohl ich versuche, mir beizubringen, dass es viele Wege zu dem Ort gibt, an den ich gelangen möchte. Patterson, der seine Beine verlor, als er bei Kriegsende unter einen Zug geriet, musste einen neuen Kurs für sich abstecken. Er fand seine Zukunft im Hörsaal, wo er Studenten beibrachte, fürs Radio zu schreiben. Auch ich habe mich vom Netz passiverer Tätigkeiten auffangen lassen. Dazu gehört auch eine gelegentliche Lehrtätigkeit an der Columbia University, derselben Institution, die John Zuflucht gewährte.

Ich habe gelernt, dass die beste Möglichkeit, meinen körperlichen Mängeln und der emotionalen Verletzlichkeit, die ihnen auf dem Fuße folgt, zu entkommen, die wilde Flucht in meinen eigenen Kopf ist. Die Winkel und Nischen meiner Identität sind dunkel und einladend. In dieser Ruhezone finde ich Abgeschiedenheit und Frieden. Sich seine eigene Realität zu erfinden, kann ein lohnenswerter Abstecher sein, eine Erholungspause von dem raueren Leben dort draußen. Meine geistigen Gefilde sind fruchtbar. Intellektuelle Fähigkeiten sind ein nicht zu unterschätzender Ausgleich.

Mein Freund Cronkite kam eines Tages vor langer Zeit nach den Abendnachrichten in die Herrentoilette geschlendert. Der prominente Nachrichtenmoderator stand neben mir am Urinal. Wir hätten ebenso gut in einer Bibliothek oder einem überfüllten Theater sitzen können. Wir standen auf gleicher Stufe. In den Tiefen meines Kopfs ist mein geschwächter Körperzustand ohne Bedeutung. Wenn ich meinen Kopf einsetze, kann ich sein, wer ich will, weil ich mich auf mein Gehirn mehr verlassen kann als auf meinen Körper.

Was macht also einen reduzierten Menschen aus? Die Alltagskultur schafft Erwartungen an das Männliche, die konventionell bis oberflächlich sind. Wir trommeln uns auf die Brust und sammeln Trophäen. Starke Muskeln und Adleraugen, die Fähigkeit, einen Ball meilenweit zu treten und kräftig Gas zu geben, scheinen zu trivial, um von wirklicher Bedeutung zu sein. Ein gutes Leben verlangt nach einer weitaus größeren Sensibilität und Individualität. Sich über die prosaischen Schablonen eines Männerlebens in Amerika zu erheben, kann schwierig sein, selbst für jemanden, der die fadenscheinige

Fassade der Männlichkeit durchschaut und dahinter die Fallgrube erkennt, in die er doch hineinfällt. Irgendwie sind wir alle an die herkömmlichen Maßstäbe gefesselt.

Ich möchte glauben, dass das, was ich meinen Kindern biete, von Wert ist, und Sensibilität und Anstand ihre eigene Lektion in sich tragen. Eine gemeinsame Begeisterung für Geschichte und Musik, einem Kind beizubringen, Beethovens *Für Elise* zu spielen oder die Hauptstädte aller Bundesstaaten herunterzurasseln, ist auch etwas wert. Als Rollenmodell zu fungieren und Widrigkeiten mit Würde und Humor zu begegnen, bedeutet mehr, als ein Auto zu fahren. Ein guter Mensch zu sein, muss mehr Gewicht haben als die Fähigkeit, zu laufen, zu springen und zu spielen. Das sind besondere Eigenschaften, die durch das Leiden schwerer Krankheit geschärft worden sind. Ich mag offiziell schwerstbehindert sein, doch ich stehe immer noch auf eigenen Füßen.

Ich glaube, dass die Reise, die ich gezwungenermaßen vor so vielen Jahren angetreten habe, mich zu einem besseren Menschen gemacht hat. Jeder kann 110 Stundenkilometer fahren, wo nur 90 erlaubt sind, oder einem anderen im strömenden Regen das Taxi vor der Nase wegschnappen. Auch mein Überlebensinstinkt ist stark, doch vor allem gedeiht meine Sensibilität. Von Managern und Moderatoren mit unterentwickeltem menschlichem Kompass und überentwickeltem Ego hat die Welt der Fernsehnachrichten mehr als genug.

Ich hätte einer dieser Menschen werden können. Das war zweifellos die Richtung, die ich einschlug. Ich frage mich, was aus mir geworden wäre, wenn ich meine Ambitionen bei guter Gesundheit hätte ausleben können. Die Multiple Sklerose und der Krebs haben sich als Werkzeuge des Persönlichkeitswachstums erwiesen. Dass wir uns nicht missverstehen: Ich würde meine Krankheiten jederzeit gegen, na sagen wir mal, einen Gebrauchtwagen eintauschen. Aber ich erinnere mich auch an diesen abgenutzten alten Tennisschläger zurück, den ich vor so vielen Jahren frustriert in die Gegend feuerte, weil es auf dem Tennisplatz nicht so lief, wie ich wollte. Wie unreif ich war, wie sehr auf den Moment fixiert. Heute wähle ich meine Kämpfe sorgfältiger. Ich habe einen geschärfteren Blick für das, was wichtig ist. Vielleicht, nur vielleicht, bin ich so ein besserer Vater.

Eine alte Frau mit Krückstock über eine verkehrsreiche Straße zu geleiten, war für mich noch vor kurzem völlig selbstverständlich, auch wenn viele andere an ihr vorbeieilten. Ich wünschte, meine Kinder wären schon so weit. Dabei geht es nicht um Tugendhaftigkeit oder Medaillen für gutes Benehmen. Wir alle können von größerer Sensibilität anderen gegenüber profitieren. Ich habe diese Lektion vor langem gelernt, durch leidvolle Erfahrung. Krankheit bereichert den Menschen um eine Dimension, gibt der Seele mehr Tiefe. Das ist letztlich gar nicht so schlecht.

»Lily, ich möchte dich etwas fragen«, sagte ich eines Abends, als ich sie ins Bett brachte. »Weißt du, was Respekt ist?« Lily sah von ihrem Buch auf, sagte aber nichts. »Bewunderst du uns?«, fragte ich, um meine Frage klarer zu machen. »Dich und Mom?«, fragte sie. Ich nickte. »Ich bewundere Mom«, sagte sie mit einem kurzen Lachen. »Du bist ein Blindgänger.« Manchmal nehme ich, was ich kriegen kann.

Ich musste über den bissigen Humor lächeln. Diejenigen, die mit einer chronischen Krankheit zu kämpfen haben, müssen einen langen Atem haben. Ich muss mich damit auseinander setzen, wer ich bin und was für mich wichtig ist, bevor ich im Umgang mit anderen mein Bestes geben kann. So weit ist es noch nicht, denn ich bin ein *work in progress*, und ein Ende ist nicht in Sicht. Bewältigung ist ein immer währendes

Streben. Ich muss aufhören, mich zwanghaft auf konventionelle Fragen von Kontrolle und Unzulänglichkeit zu fixieren, die einfach nicht von Bedeutung sind.

Wir alle sollten dankbar sein für das, was wir sind, und aufhören, darüber zu jammern, was wir nicht sind. Ich werde es müde, mir so verzweifelt etwas anderes zu wünschen. Für diese Dinge gibt es keine Lösung. Ich kann nur tun, was ich tun kann, und das ist herzlich wenig. Ich fange an, die Passivität abzulegen, und in Bezug auf meine Gesundheit eine aktivere Rolle zu übernehmen. Ich habe mir sogar einen neuen Arzt gesucht, von dem ich wusste, dass er mir eine aktivere Rolle abverlangen würde.

»Wenn Sie hier behandelt werden wollen, müssen Sie sich ändern«, sagte mir der Neurologe, der ein großes Therapie- und Forschungszentrum für Multiple Sklerose in New York leitet. »Sie müssen Ihre Behandlung ernst nehmen und aktiv daran mitarbeiten. Wir verlangen eine Menge von unseren Patienten.«

Es war ein ernüchternder Moment. Eine neue Ära musste beginnen. Auch die Bewältigung entwickelt sich weiter. Es war an der Zeit, Verantwortung zu übernehmen und mich nicht mehr zum Affen zu machen. Es gibt viel zu tun. Sich vor der Wahrheit zu drücken, hatte lange funktioniert, erschien aber jetzt nur noch albern. Das Erwachsensein will von Zeit zu Zeit neu erlernt werden. Der Behandlungsplan ist streng. Die Vorstellung, statt einer in Zukunft drei Interferon-Injektionen pro Woche zu bekommen, ist beängstigend. »Das wurde auch langsam Zeit«, sagte Meredith, als ich ihr davon erzählte. »Mir erscheint das sinnvoll.« Mein Körper ist dabei. Was meinen Kopf angeht, bin ich mir nie so sicher.

Es gibt kein Heilmittel, und ich darf mich keiner Illusion hingeben, dass meine Gesundheit sich bessern wird.

Ich träume von einem besseren Leben. Unaufhörlich. Diese ätherische Lebensvorstellung bleibt undefiniert. Irgendwo da draußen wartet der Seelenfrieden. Zu dieser Ruhe zu finden, mag Jahre dauern, aber die Verheißung trägt mich über die Regionen hinaus, die ich sonst besuchen würde. In meinen Träumen kann ich fliegen. Ich schaffe mir meine eigene Welt und lebe darin.

Zu träumen heißt, sich über den seelischen Schmerz zu erheben, zu glauben, dass mein Leben besser wird, unabhängig davon, was der Arzt verordnet. Mein Optimismus mag dem trotzen, was der Chor der griechischen Tragödie verkündet. Und wenn schon! Sollen die Wahrsager doch in Sack und Asche gehen. Ich greife über die Realitäten meines Lebens hinaus. Der Selbstzweifel bleibt. Aber auch die Entschlossenheit.

Das Leben ist beschissen, und am Schluss stirbt man. Das sagen die Zyniker. Für manche von uns mag sich diese trostlose Beschreibung der menschlichen Lebensreise bewahrheiten, aber es bringt nichts, sich in Enttäuschung zu suhlen. Meine großen Pläne müssen nicht in der Realität spielen. Ehrlich gesagt sind sie auch gar nicht so groß. Ich werde nicht für die nächste Olympiade trainieren. Ein Jammer. Dabei bin ich so lange so ausdauernd gelaufen. Ich bin in Topform.

Ein Mann, der sich nicht unterkriegen lässt, kehrt jeden Abend in mein Haus zurück.

Dieser Mann weiß, dass der Niedergang seines Körpers nicht aufzuhalten ist, aber er ist entschlossen. Er ist stolz. Er ist ein Überlebenskünstler, der seine eigenen Schwächen und Mängel sieht, Zweifel und Ängste kennt. Dieser Mann gibt nicht auf. Er klingt schwach in seinen eigenen Ohren, und weiß doch, dass er es nicht ist. Dieser Mann kann nicht gewinnen, aber er weiß, dass er nicht verlieren darf, bis die

Reise vollbracht ist. Er sieht Herausforderungen auf seine eigene Art und Weise; darin könnte er es selbst mit Don Quijote aufnehmen. Das ist seine Stärke, eine geheimnisvolle Fähigkeit, im Angesicht einer Realität, die er nicht akzeptieren kann, seine eigene Kraft und Mission zu definieren und einem – vielleicht trügerischen – Traum zu folgen.

»Unsere tiefste Angst ist nicht die, unzulänglich zu sein«, sagt uns Nelson Mandela. »Unsere tiefste Angst ist die, unermesslich mächtig zu sein. Es ist unser Licht, das wir am meisten fürchten, nicht unsere Dunkelheit ... Und wenn wir unser Licht leuchten lassen, geben wir unbewusst anderen die Erlaubnis, dasselbe zu tun.«

Und so werde ich auch weiterhin in meinem Kopf leben. Der Kampf darum, die Krankheit zu bewältigen und das Leben auf meine Weise zu leben, geht für mich weiter, oft rund um die Uhr. Gedanken darum, was in aller Welt ich morgen tun werde, wie ich heute leben werde, spuken weiterhin durch meinen Kopf, sogar durch meine Träume. Die Bewältigung ist ein endloser Prozess. Diese Aufgabe wird nicht vollendet sein, bis ich meine Reise zu Ende gebracht, mich in meinen letzten Augenblicken zum Sieger erklärt und den Heimweg angetreten habe.

In den ruhigeren Regionen meines Geistes geht die Arbeit weiter. Über die Runden zu kommen, ist ein Job, der sich fortsetzt, lange nachdem der Arbeitstag offiziell beendet ist. In meinen wunderbaren Reisen in die Nacht analysiere ich die Umstände meines Lebens, sondiere und fantasiere. Ich träume. Das Rad dreht sich, immer weiter. Bilder eines beeinträchtigten Lebens füllen meinen Kopf. Ich möchte versuchen, mich über sie zu erheben. Ganz gleich, ob ich den Kopf hoch halte, die Augen geradeaus gerichtet, oder zusammensacke, den Blick gesenkt, während ich durch den Nebel in eine ungewisse Zukunft spähe, mein Gang bleibt immer so fest, wie mein Körper es erlaubt. Es sind noch viele Meilen zurückzulegen, und ich muss in Bewegung bleiben. Ich strebe empor, und in meinen Träumen schwinge ich mich in ungeahnte Höhen.

In einer zauberischen Nacht in der Sicherheit meines Geistes umfing mich eine warme Brise, als ich die Erde an einem strahlenden Morgen verließ. Ich lief einen sanften Hang hinab, meine Beine stark und trittsicher. Meine Arme breiteten sich aus wie Flügel. Ich schwang mich in vollendetem Flug empor, als ob es ein Kinderspiel sei. Mein Körper, der schwerelos über einem mit Blumen übersäten Hügel schwebte, war stark, mein Sehen einwandfrei, und ich konnte in die Unendlichkeit blicken. Endlich war der Kampf vorüber. Ich gewann mühelos an Höhe. Meine Bewegungen waren anmutig und elegant, und ich wurde auf ewig in die wogenden Wolken aufgenommen.

DANKSAGUNGEN

»Du wirst nie ein Buch schreiben«, behauptete meine Mutter vor langer Zeit wohl meinend. »Du arbeitest beim Fernsehen. Das ist so kooperativ.« Sie hatte Recht, was den scharfen Kontrast zwischen der Welt des Produzenten und dem stillen Dasein des Schriftstellers angeht. Zugegeben, es war in den langen letzten Monaten mächtig einsam in dieser Nachbarschaft. Doch in Wirklichkeit war ich auf dieser Reise nicht allein.

Es gab verschiedene Leute, die für den kreativen Prozess von enormer Wichtigkeit waren. Joann Davis, meine Literaturagentin, sah die Konturen und das Potenzial dieser Buchidee, noch bevor ich es tat, und blieb bis zum Ende dabei, indem sie mir half, den Vorschlag für das Buch auszuarbeiten und dann das Buch auch tatsächlich zu verkaufen. Gail Winston, leitender Lektor bei HarperCollins, stand zu dem Buch und lotste mich an vielen falschen Abzweigungen vorbei. Und Anastasia Toufexis, eine von mir beauftragte freie Lektorin, half mir immer wieder aus der Patsche.

Ich zolle auch Robert Jones Anerkennung, dem Cheflektor von HarperCollins, der an dieses Buch glaubte und nur wenige Monate später, nachdem ich mit dem Schreiben begonnen hatte, starb. Robert verstand etwas vom Leiden und von dem dringenden Bedürfnis, Probleme zu meistern. Und er verstand, wie ich unter meinen eigenen Fehltritten litt.

Meine Kinder begannen mich zu fragen, wann das Buch fertig sein würde, noch bevor ich wirklich verstand, wovon es handeln sollte. Sie hielten den Druck auch in schwierigen Momenten aufrecht.

Und dann war da natürlich Meredith, die mir Raum gab und mir immer wieder versicherte, ich sei ein besserer Schriftsteller, als ich es tatsächlich bin. Bitte sagen Sie ihr nicht die Wahrheit.

Zwischen der Angst um das eigene Leben und der Sorge um den Menschen, den man liebt

Diana Beate Hellmann
LIEBE IST NICHT GENUG
Zwei Menschen im Bann einer tödlichen Krankheit
Erfahrungen
496 Seiten
ISBN 978-3-404-61639-8

Lea ist achtundvierzig Jahre alt. Sie ist unverheiratet und hat keine Kinder. Lea ist krebskrank.

Lea liebt das Leben. Und sie liebt Noah. Er ist die Hoffnung ihres Lebens, die Hand, nach der sie jederzeit greifen kann, die sie aber niemals festhält. Doch auch Noah hat Krebs.

Wird ihre Liebe stark genug sein, ihr Schicksal gemeinsam zu meistern?

Die in sich abgeschlossene Fortsetzung des Bestsellers AUS LIEBE ZU IHM.

Bastei Lübbe Taschenbuch